願望激速！
タイムウェーバー

量子の力があれば、最速で幸せになれる！

TimeWaver

山﨑拓巳
夢・実現プロデューサー

宮田多美枝
クリアリングマイスター

ヒカルランド

はじめに

皆さま、こんにちは。

クリアリングマイスターTamyこと宮田多美枝です。

私は、ハワイ島の女神ペレ様とつながるビューティーチャネラーとして、また、エステティック及びヒーリングサロンを運営しながら、お客様の外側から と内側からの美を融合させた〝真の美しさ〟を提供する活動を行っています。

これまで私は、過去25年間において、のべ1万人以上のお客様に対して施術・セッションを行ってきました。

現在では、自身のこれまでの学びを集大成させたオリジナルメソッドである「ノアワーク（Noa Work）」を通して、生徒さんたちに向けて、3ヶ月で物事の捉え方を変えて多面的に捉えることで生き方を変えるセミナーを提供し、すでに500名以上の方に受講していただいております。

さて、そんな私が2021年より波動調整機の「Time Waver（タイムウェーバー）」に出会い、そこからまた自分の人生を大きく変えていくことになったのです。

現在では、タイムウェーバーのセラピストとしても活動を広げており、セラピストとしても、約2年間ですでに700人以上のクライアントさんに向けてセッションを行ってきました。

このタイムウェーバーについては詳しく本書でご紹介していきますが、一言で説明すると、「クライアントさんのエネルギーの確認と調整をしていくことで、よりよい選択に導いてくれる機械」ということになります。

このタイムウェーバーは、もともと医療用に開発されたものですが、未来予測や夢実現などにも活用されており、時空を越えて未来にアクセスすることで、個人の発展、夢や目標の現実化のためのサポートシステムとしても使われているという驚くべきマシンなのです。

本書では、タイムウェーバーの素晴らしさをタイムウェーバーに造詣が深い私の尊敬する方々と共に対談形式でご紹介していきたいと思います。

タイムウェーバーのことを理解していただくには、難しいテキストブック的な内容でなく、カジュアルなトークを通して触れていただくのが一番だと感じたからです。

今回、対談にご参加いただいた方のうち、まずお1人が、私と一緒に本書を共同創造してくださった山﨑拓巳さんです。

ベストセラー作家として数多くの著書があるだけでなく、「夢・実現プロデューサー」として、また、アーティストとして多岐にわたる活動をされている山﨑拓巳さんにはご縁があって、私のタイムウェーバーのセッションを何度も受けていただき、親しくさせていただいております。

そしてもう1人、対談に参加してくださったのが世界平和革命家、女性起業家育成家、同時通訳者として知られている小熊弥生さんです。

地球上の成功法則と宇宙の法則を掛け合わせて開発した「億楽®メソッド」で、誰もが無限に豊かで幸せな真の世界平和を目指す、というテーマでご活躍されている小熊さんは、ご自身の活動にタイムウェーバーを取り入れたことで大きな豊かさを得て、さらにタイムウェーバーを活用することでもっと豊かになる〝億楽〟な人たちを育成していらっしゃいます。

すでに、ご自身の生き方を確立し、多くの人々に支持されながらこの世界で大きく成功されているお二人が、どんなふうにタイムウェーバーと向き合っていらっしゃるか、などが対話を通してお伝えできるかと思います。

また、本書ではタイムウェーバーで変容を遂げた人たちの例についてもご紹介していきます。

「タイムウェーバーって何？」

「タイムウェーバーって聞いたことあるけれど、何をしてくれるの？」

そんな疑問を持っている人や、タイムウェーバーに興味を持っている人にとって、本書がタイムウェーバーの奥深さや面白さ、そのユニークさをお伝えできる一助になれば幸いです。

Ｔａｍｙこと宮田多美枝

目次

第3章

タイムウェーバーでミリオネラーを量産！
――タイムウェーバー・トーク② with 小熊弥生、山﨑拓巳

第4章　タイムウェーバーで変容した人たち

第5章 ボクとタイムウェーバー by 山﨑拓巳

カバーデザイン　重原隆
編集協力　Kay House
本文仮名書体　文麗仮名（キャップス）

第1章

「Time Waver（タイムウェーバー）」って何？

●タイムウェーバーとはエネルギーの確認と調整を行う機器

まずは最初に、今や私の人生のパートナーになったタイムウェーバーについてご紹介しておきたいと思います。

タイムウェーバーとは、「量子場理論を応用してエネルギー分析、調整をする機械」のことです。

タイムウェーバーを使えば、人間だけでなく動物やモノの発する周波数を分析することができるだけでなく、12次元までの電磁波と光量子の情報にアクセスして肉体の情報、意志や無意識、未来や過去を読み取り分析し、波動フィールドの調整をしてくれる最先端のシステムなのです。

タイムウェーバーが誕生したドイツでは、すでに１０００人以上のユーザーがいて、主に医療専門職の方が使用されているだけでなく、ビジネスにも活用できるという画期的な分析機器です。

もう少しわかりやすく説明すると、タイムウェーバーは、「エネルギーの確認と調整」を行ってくれる機械です。

まず、エネルギーの確認については、「自分が今、どんな状態にあるか」ということを明らかにした上で、今の自分に何が必要で、理想の自分や目標などがある場合、どんなステップを踏めばよいのかというヒントを与えてくれます。

通常、このエネルギーの確認をセッションのはじめに行っています。

例えば、クライアントさんが何かの選択に迷っている時、その選択肢をタイムウェーバーに入れることで、どれを選ぶとベストなのか、また、そうでないのかなどを知ることができます。

私たちは日々の生活の中で、常に数多くの選択に直面しています。そして、自分でくだす選択が正しいのかどうかなどに迷い、悩んだりするわけですが、そんな時にタイムウェーバーはお役立ちなのです。

また、それらを選択する際の時間短縮や指針になるのでとても便利です。

次にエネルギー調整についてですが、これは個人の願望や夢に対してエネルギーを調整し、よりよい未来へと導いてくれるものです。

例えば、パートナーシップや家族、友人関係、ご先祖を調整することで、より願いが叶いやすくなったり、引き寄せなどのミラクルが起きやすくなったりもするという、まさに魔法のような機械なのです。

もちろん、クライアントさんにはそれぞれポテンシャルの違いなどがあることから、「すべてタイムウェーバーでなんとかして欲しい！」という依存型の方は上手くいきません。

けれども、「タイムウェーバーの力を上手く借りて、より良い自分になっていきたい」という方には、期待以上の効果が得られたりするのです。

本書の共著としてご参加いただいた山﨑拓巳さんは、タイムウェーバーのことを〝大人のおみくじ〟と呼んで上手く使いこなしていらっしゃいます。

●タイムウェーバーのメカニズムとは？

では、タイムウェーバーはどのようなメカニズムで働いてくれるのでしょうか？

タイムウェーバーは、人・動物・モノが発している波動をキャッチすることで、その波動を解析しているのです。

例えば、スマートフォンやパソコンがWi－Fiの電波をキャッチしてネットにつながるように、タイムウェーバーは私たちの身体の周囲から出ている振動をキャッチすることで情報を教えてくれるのです。

また、時間という「パラメーター（プログラムの動作を決定する数値）」を使うことによって、人の想念などに左右されず、何にも阻害されることなく過去から未来までを見通すこともできるので、言ってみれば、究極のWi－Fiシステムのようなものとも言えるかもしれません。

●私とタイムウェーバーとの出会い

ではなぜ、私がタイムウェーバーにここまで夢中になり、自らもタイムウェーバーを扱うセラピストにまでになったのでしょうか。

それは、最初に私がタイムウェーバーの恐るべき効果を自分で実感したからです。

今から4年前、私は体調を崩したことでタイムウェーバーと出会いました。

最初は、日本におけるタイムウェーバーのセラピストとして大ベテランでいらっしゃる田所道代さんを知人からご紹介いただきセッションを受けることになりました。

当初は、本当に失礼なことにタイムウェーバーの効果については半信半疑どころか、懐疑的でした。

ところが、たった1回のセッションで医師からは悪性の疑いと言われていた腫瘍が良性に変わると、そこから体調も回復に向かい、ついでに長年止められずにいた、いや、まったく止める気もなかった嗜好品のタバコもセッションの翌朝に何のストレスなども感じることなく、スッと止められたのです。

そこからの私は、あまりにもいい流れへの急激な変化に自分自身で戸惑ってしまい、逆にタイムウェーバーに対して半信半疑だった思いを払拭するかのように、夢中になって定期的に道代さんのもとへと通うことになったのです。

そして、何回目かのセッションが終わった頃、タイムウェーバーから出てくるフレーズから、私もタイムウェーバーのセラピストになるかもしれない、と直感的に感じたのです。

とはいえ、ご存じの人もいるようにタイムウェーバーはとても高価な機械でもあるので、この私が購入することになるとは思ってもいませんでした。

けれども、セラピストの道代さんのお話などを伺ううちに、彼女の人生もまたタイムウェーバーによって大きく変化したことがわかり、タイムウェーバーのすごさを確信すると、「いつか購入できればしたいな！」と思うようになりました。

●クライアントさんの変化・変容に喜びを感じる日々

するとその翌月に、なんと、タイムウェーバーの季節外れの異例のバーゲンがあったのです。

そこからは、あれよあれよという間に、引き寄せに引き寄せが重なり、ついにタイムウェーバーを購入する運びとなりました。

そして2ヶ月後にタイムウェーバーが私の手元にやってくると、そこから、奮闘しながらタイムウェーバーについて学び、約半年かけてようやくタイムウェーバーと仲良くなることができました。

セラピストになることに導いてくれたのは、私にとって人生のメンターとも呼べる山﨑拓巳さんです。

拓巳さんは、今回の出版のきっかけもくださった方なのですが、「どうして、タイムウェーバーを仕事にしないの？」という一言をきっかけにセラピストになる決心をしたのです。

そこからあっと言う間に、気づけば新規予約のお客様が3ヶ月待ちになるほどになったのです。

おかげさまで、現在ではタイムウェーバーのセラピストとしての活動だけでなく、タイムウェーバーを用いてビジネスのコンサルテーションなども行っています。

現在の私は、すでに７００人以上のクライアントさんたちのセッションを行い、皆さんの変化・変容やビジネスの実績アップを目の当たりにしながら、私自身も驚きと喜びを感じながらタイムウェーバーと共に歩んでいるところです。

第2章 タイムウェーバーはお抱えのシャーマン

タイムウェーバー・トーク①

with

山﨑拓巳

それでは、ここからはすでに私から何度もタイムウェーバーのセッションを受けていただいた山﨑拓巳さんと共にタイムウェーバーについて語っていきたいと思います。

また、対話にはヒカルランドでタイムウェーバーのオペレーターをされている（2023年収録当時）阪本さんにも加わっていただきます（阪本氏は対話内では「――」にて表記）。阪本さんは、2018年よりタイムウェーバーを扱い、これまで5000件以上ものセッションを行ってこられたという大ベテランでもいらっしゃいます。

●キリスト教圏の国で誕生したタイムウェーバーから〝前世〟が出る？

宮田　拓巳さんにとってタイムウェーバーとは、何をしてくれるものだと思われますか？

山﨑　タイムウェーバーは、クライアントさんの底上げをしながら、その人に合ったアドバイスもしてくれるようなものだと思う。例えば、よくお風呂の桶に例えるんだけど、底にどこか浅いところがあったら、お湯を入れてもそこからお湯は溜まっていくじゃない。要するに、一番低いレベルに合うようになっているわけだ。だから、ある人がいて、その人の言っていることはすばらしい、思っていることはすばらしい、でも、それを行動に移していない、という場合、その人に対して友人から「お前、何もやってないじゃないか。他の人は、お前より志は低いかもしれないけれど、ちゃんとやっているよ。お前は、志は高いかもしれないけれど、何もやってないじゃん。だからお前が言うな！」と言われたりする。これは、そんな指摘をする友人にとっては、その人の一番低いところ＝一番ダメなところが見えてしまっているということ。そのような場合、タイムウェーバーは、そんな人の底上げをしつつ、「まだ、ここが低いよ！」という部分も教えてくれたりする。他には、過去を振り返ることなども教えてくれるところがすばらしいと思うんだよね。

宮田　なるほど。確かに。

山﨑　あと、タイムウェーバーがおもしろいのは、前世がどうのこうのと出るところ。このマシン、キリスト教圏の国で誕生したはずなのに、と思うときがあります。彼らは前世たるものがないと教えられてきた人たちです。ボクらは、「お盆には霊が帰ってくる」とか、「生まれかわりじゃない？」とか、「前世で絶対会っていたよね」とか、居酒屋トークレベルでそういう話をするけど、もしタイムウェーバーで「サタンだ」と出てきたら、「サタンなんているの？」と思う。違和感があるよね。「前世」というのは、彼らにとって、それぐらいのレベルだとボクは思うんです。だけど何の屈託もなく、そんな言葉も普通に出てくるじゃないですか。

宮田　黒魔術とか、サタンとか、ブードゥーとか出ますからね。

山﨑　ブードゥーも出てくるの？

宮田　思いっきり出ますよ。出ますよね？

阪本（以下、――）僕はあまり出ないです。

山﨑　出している人、いないよね。

宮田　えー、私が出しているの？

●タイムウェーバーはオペレーター次第でデータが変わる!?

――観測者と共鳴するところが出るんです。試したことがあるんですよ。共鳴しているといっても、それが伝えやすいから出る。サタンとかそういうデータベースが出ていたとしても、僕が伝えられる情報量と多美枝さんが伝えられる情報量は全然違うじゃないですか。僕はサタンとかが出てきても、クライアントに対してあまりいいアドバイスができない。そうすると、そのデータベースはあまり出てこないんです。多美枝さんはそういうデータベースが出てきたときに、相手に気づきを与えられるような伝え方ができるので出てくるんです。本当に人によって全然違います。

山崎　多美枝さんがサタンだということじゃないの（笑）。

宮田　違いますよ～（笑）。

――過去に一斉に同じ人に、同じタイミングで調整をかけたら、観測者によって出てくるデータベースが違った。それは試したことがあります。

宮田　すごい、阪本さん、弟子入りさせてください。

山﨑　ということは、1台のタイムウェーバーを複数で使うと、タイムウェーバーが迷うかもしれないね。

――迷うというよりは、例えば拓巳さんを5人で一斉に調整しようとすると、拓巳さんの意識を読んでいく5人の観測者の意識が全員違うので、出てくるものが変わってくるだけなんですよ。拓巳さんは1人なので、5台は全部、拓巳さんの意識の鏡としてデータベースが出てくるんですけど、それを見やすくしているというイメージですかね。

山﨑　じゃ、この1台のタイムウェーバーを、「お借りしますね」と言ってボクが見ると、また違うのが出てくるということですか。

――　はい。同じテーマで観測しても、違うものが出てきます。例えば、拓巳さんが「本を10万部売りたい」というフォーカスがあるとするじゃないですか。それを僕らが見に行ったときに、「10万部売りたい」というのは、5人いたら5人の解釈が違います。そこのズレもやっぱりあるんですね。1人は1カ月以内に10万部突破、1人は3年以内に突破と思うかもしれない。なので、なるべくクライアントさんとすり合わせをして、意識のずれをなくした状態で調整をしていくことが必要になってくるんです。

山﨑　おもしろい！

――例えば、たこ焼きといっても、拓巳さんは「銀だこ」を求めているかもしれない。僕の方は大阪のあるお店のたこ焼きを望んでいたとすると、たこ焼きの時点でモノが違う。そういったところをうまく調整していくと、より精度が高い調整テーマが出てきます。

宮田 すごくよくわかります。拓巳さんはご自身の著書に関して、「長期的な期間での10万部がいいんだよね」と言ったんですよ。拓巳さんの中に長期的に売っていきたいというイメージがあったので、それに向かってかけたから、そういう結果が出る。だけど、「とりあえず2万部いってほしいかな」と言う作家さんだと、そうはいかないんですよ。「とりあえず」だから本人がフォーカスしてないんです。

――クライアントさんの意識が一番大切なんですよね。

●ニセモノの幸せは「養殖の幸せ」!?

宮田　ここがまさに〝幸せ〟という意味をどう捉えているか、という違いの部分ですね。今、あなたが望んでいる幸せは、実はあなたの本当の幸せじゃないかもしれない、ということです。例えば、老後は2千万円あったら幸せ、大丈夫というのは世間一般の常識的な話ですが、でも、その人が老後に2千万円を持っていたとしても幸せになれるかどうかはわからない。でも、まずはここをクリアしないといけない、と思っている人もいる。だから、幸せというものの捉え方が違うということもお伝えしたいのです。

――それは正しいと思いますね。

山﨑　ボクが言うところの「養殖の幸せ」ですね。

宮田　そうです。ちょっとパクらせてもらっています。

――要するに、羊たちの幸せですね。檻の中で言われたことをハイと答えながらやっていて、檻の中でしか幸せを考えられない。檻の外に出たところのことは考えられない。

●夢を反対側から明確化していく

山﨑　夢の明確化をするときに、こんな方法がいいんです。例えば、ひとり暮らしがしたい。それを追いかけてやっていく。そうすると、実現できたりできなかったりするんだけど、できたとしても「実家に帰ろうかな」というひとり暮らしになりやすいわけです。要は明確じゃない。ひとり暮らしはしたい。でも、幽霊が出る部屋は嫌だ。家賃が20万以上する部屋は嫌だ。駅から30分歩くのは嫌だ。隣の人が感じ悪いのは嫌だ。壁が薄くて声が聞こえるのは嫌だ。要は、反対側からのオポジットサイドというか、ひとり暮らしをするにあたって、「これは嫌だシリーズ」を出しまくるわけです。そうすると、どんなひとり暮らしをしたいかが明確になる。

例えば、駅から絶対15分以内で壁がしっかりしている。だから新築もしくはバブルのときのしっかりした建物で、家賃は12万。そして住人がいい感じというのは、前もって郵便ポストとか、ポスティングされたチラシが廊下に落ちてないかどうかのチェックが必要だし、できれば前に入っていた人が栄転している部屋がいい。そうなると、不動産屋としゃべるときにものすごくシャープなお話ができる。ひとり暮らしをしてみたら、夜な夜な赤ちゃんの声が聞こえてうるさいということになる人がいるんです。年収2千万円になりたいけど、4時間しか睡眠がとれないのは嫌だとか、人にヘコヘコする2千万は嫌だとか、永続性がない2千万は嫌だとか、汚れた仕事、要は人をだましたりする仕事はしたくないとか、反対サイドを洗い出すと、ものすごくクリアな自分の納得のいく条件の2千万円が見えてくる。この反対を出さないと明確化できないんですよね。

――どれだけちゃんとピントが合っていて、ちゃんと明確化されているかなんですよね。皆、前には行きたい。でも、前って、目の前から遠くまであって、それをどれだけはっきりさせるかで生き方が全然変わってくる。

今、拓巳さんがおっしゃっていたみたいに、奥行きをどれだけちゃんと考えらえるかというところが本当に重要です。でも、それができない人がほとんどなんですよ。

山﨑　「そうなったあなたは、その後、何をしている？」と聞くと、またもう1つ明確化になるよね。「家を建てたい」と言う人に、「建った後、どうなっていますか？」と聞くと、「建てた後は、いっぱい友達が来ていて……」みたいな。そこが明確になると、手前の夢が叶えやすくなる。あと、「ポルシェが欲しい」というのも、人によってなぜポルシェが欲しいかが違う。学生のときにレースをやっていてポルシェカップをモナコで見たいという夢があって、どうせ仕事を頑張るんだったらポルシェを買うのを目標にしようかな、という人もいれば、女にフラれてその女が自分をフッた後につき合った男がポルシェに乗っていたから、絶対ポルシェに乗ってやるとか。男はバカだからそう思うわけです。あとは、兄貴がライバルで、その兄貴がポルシェのディーラーに勤めたので、「おまえは何やってもダメなんだから」と言う兄貴から絶対にポルシェを買ってやるという人もいると思う。ポルシェというのはシンボルであって、本当にやりたいことは違うわけです。

また、こういう相談をした人がいるそうです。「英語を勉強したいんです」「何で?」「英語がしゃべれるようになって、白人のカッコいい男の人と知り合って、できればおつき合いして結婚するのが私の夢なの。だからまず英語を勉強しないと」「だったらイケメンに英語を習えば?」という話になって、先生をイケメンのブルーアイの人にすればいいじゃないのということで、「ほんとだ。もう叶い出した」みたいな。すごく遠回りしている人がいるよね。要は、英語が堪能になった後、なぜかイケメンの白人男子と知り合うというのは、針の穴を2個連続に通さないとダメなわけです。だったらイケメンのブルーアイの白人男子に最初から英語を習えばいい。英語、要りませんねという話になる（笑）。

宮田　確かに。

――目的がちゃんと明確じゃない人が、そういう謎のルートを通りたがるんですよね。

●過去のトラウマや怖れを取り除く

宮田　あとは、目的に対する怖れですよね。自分で望んでおきながら、実際にそうなったらどうしようみたいな。その怖れを取り除いたほうがいいんです。怖れがあるから多分、今みたいな話になるんですよ。「急に目の前に白人でブルーアイの超イケメンが現れて、ナンパされたらどうしますか？」と聞くと、「え～っ、無理。だって英語しゃべれないもん」となる。ということは、「本当は望んでないんじゃないですか」みたいな。

山﨑 天然の夢なのかな。

―― 本当は、その人もそうしたいんですよ。でも、怖れがあって変わることができないこともある。例えば、昔好きな人にフラれたことがあって、今度もそうなるんじゃないかという怖れから行動できない。そういうのをそぎ落としていくには、タイムウェーバーとかで、過去にこんなことがあったことがトラウマになっていますよ、と伝える必要もある。

山﨑　そんなことも言ってくるものね。

――本当に自分自身が無自覚なところに原因があったりする場合もあるので、それを取り除くには、間違いなくタイムウェーバーはピカ一かなと思います。

山﨑　無自覚なことは、自分では掘り当てられないものね。

――例えば、妊娠しているときにお母さんが堕胎を考えるだけで、自己肯定感が低い子が生まれたりするんです。

山﨑　それはそうだよね。

宮田　そんなこともタイムウェーバーに出ますよね。

山﨑　出るの？

――それが「バーストラウマ」と呼ばれていて、そういったところを解消していかないと、ブラッシュアップしていく望みにフォーカスできないんです。だから、苦しい人たちが多いんです。

山﨑　なるほど。バカスカたばこを吸いながら120歳まで生きる人もいれば、ものすごくちゃんとしているのに若くして亡くなる人もいるわけだよね。今、医療の世界でもその違いは一体何かというと、どうもトラウマじゃないか、というところに至っているそうです。

宮田　医療の世界で？

山﨑　医療の世界が今、そうなっている。だからトラウマをどうリリースするか、ということらしい。

宮田　トラウマから生まれたその人の意識ということですよね。トラウマがあるから、ネガティブな意識があるというか。

――例えば、たばこを1本吸うという行為でも、嗜好品として「めっちゃ、幸せ」と感じながら吸う人と、「体に悪いけどな」と吸う人は、全く効果が違うと思うんですね。「これ気持ちいい。おいしい」と吸っている人は120歳まで生きると思うけど、罪悪感があるということは、体に対して悪いことをしていると認識をしながら吸うので、それこそすり込まれちゃう。なので、体に病気として現われたりする。

宮田　それは、脳科学者の茂木健一郎先生もおっしゃる話ですね。

山﨑　でももし、それをちゃんとタイムウェーバーがやってくれるんだったら、すばらしいよね。

宮田　意識と素粒子は連動しているので、機械を使わずに心理学的に量子のことを理解して意識を変えることで事象を変えることを提唱する方もいるんですけど、タイムウェーバーと心理学的手法の大きな違いは、タイムウェーバーは対象になるクライアントさんがお腹の中にいる時のこととか、過去生の時のこととか、ご本人が知り得ないようなところも全部含め読み取っていくので、より詳細で多次元的な情報を読み取ることができるんです。

山崎　家にお抱えのシャーマンがいるみたいな感じだね。

宮田　はい。そうだとも言えるし、怖い部分としては、人間の英知を超えていけそうな気がするところだと思っています。もちろん素粒子とか意識で変えられるけど、そこが拓巳さんの言い方だと養殖と天然の、それも天然の意識で変えていかないと無理じゃないかというところになると思います。

山崎　そう、本当の意味においてね。

宮田　そこを皆さんにわかりやすく伝えていけたらいいんですけれどね。

●ポジティブな人とネガティブな人で結果が変わる

――あと、ネガティブな人とポジティブな人でも結果には違いが出ますね。

宮田 はい。結局、ネガティブな人は、そうやって実際に結果が変わるということに気づいてないです。

――無自覚ということですね。

宮田 思っているだけじゃなくて、思いながらもさらに強くフォーカスすることで事象が生まれることも伝えられればと思っています。例えば、コーヒーを飲み過ぎると身体に悪いというのも、「コーヒーを飲むと身体に悪い」というところにフォーカスしてコーヒーを飲んでいたら結果的に病気という事象が出るかもしれません。でも、ただ「飲み過ぎはよくないよね」くらいの感覚だったら別に何も起きない、みたいな違いがあるじゃないですか。事象として実際に病気につながることになる手前には必ずフォーカスがあるから、そこを知ってほしいんですよね。

――多美枝さんとしては、それをどのような感じで伝えたいのですか？

宮田　最近すごく思うのは、私が「タイムウェーバーは魔法の機械じゃないのでね」と伝えても、「そうですよね。もちろんわかっていますよ」と言いつつ、「これがこういうふうになるように調整してください」と、私の説明を聞いてくれない人がいるんですよ。

山﨑　説明？

宮田　そう。私はよく拓巳さんに、「こんなのが上がっていますよ。こんなのが出ていますけど、どうですか？」みたいなことを言ったりするじゃないですか。そのような説明ですね。

――出てきたデータベースに対して、フォーカスした目的とまったく違うようなことが出てきたりもしますね。

宮田　そうすると、「こんなのが出ていますけど、思い当たることはありますか？」と私は言うわけですが、そういうのを聞きたがらない人がいるんです。

山崎　自分は変わらず、世の中だけを変えようとしている。

宮田　そうです。口では「もちろん、わかっています」と言う方がいらっしゃる。でも、それで結果につながっていかないとクレームみたいな感じになってしまうから、「説明を聞いてくれないじゃないですか。フォーカスが違うんですよ」とお伝えしても、その方には伝わらなかったりする。

●マイケル・ベックウィズの４層について

山崎　アメリカ人の作家、牧師であの世界的なベストセラー、『ザ・シークレット』にも登場しているマイケル・ベックウィズが言うには、世の中には４つの層があるということ。まず、一番下の層は「to me」で、起きていることが私の人生なんです。だからその人たちは、「起きていることを変えてください」と言っているんですよ。その上の層の人は「by me」、私によって世の中は変えられると思っている。私によって変えられると思っている人は、タイムウェーバーと自分の向き合い方が、「これを使えば私は変わることができる」と思っている。その次は「through me」、この世は私を通じて映し出されている映し鏡だ。だからこの世を変えるのではなくて、私の中を変えたときにこの世は変わるんだと思っている人たちです。2階の人たちは、より少ない努力でいけますようにとか、より努力がすぐリーチできるようにと思うけど、3階の through me の人たちは、自分の中を変えていきたいという気持ちになるよね。そして、一番上の層は「as me」、この世は私である。私はこの世とイコールなんです。

宮田 なぜかタイムウェーバーは、to me の人が来がちですよね。なぜでしょうね。

――　多分、そういう人たちのほうが変わりたい欲求が強いんじゃないですか。

宮田　この前、ズバリ言われた方がいました。私はそういう人を減らしたいから値段をちょっと上げさせてもらっているのに、「これだけ払うのだから、絶対大丈夫！」という人が紛れてたまに来るんですよ。

山﨑　「私は何もしないので、私の人生をよくしてください」という人ね。

宮田　そうです、そうです。ストレートにそう言われたので、私はZOOMで面食らっちゃって、「魔法の機械ではないので」とお伝えしたのです。あまりに直球で来たから。

山﨑　でも、何もしないよりは、タイムウェーバーをしたほうがいいけれどね。

――そうですね。

山﨑　例えば、A地点とB地点の最短距離は、物理的には直線だけど、ボクたちの現実空間では1回バックして行くのが一番近い場合もあるよね。タイムウェーバーは、その一番近いであろうことをカンフル剤というか触媒的に、科学的にスピーディーにやってくれる。普通ならこう行って、こう行くところを、トントンと行ってくれる。

宮田　まさに今、私はそれを体験しているわけじゃないですか。

山﨑　そうですよ。随分後ろのほうに下がってから、正面向きましたね。

宮田　随分後ろって（笑）。

――ちなみに、「これって本当に変わるんですか？」みたいな感じの人が来たときに、データベースに「嫌みな性格を手放してください」と出たりすることもありますね。

宮田　そんなことは、伝えにくいですね。

――でも、「こう出ていますね」とはっきり言います。それでちょっとクライアントさんが落ち込んで、来たときと帰りで性格が変わっていたりするので、「これは僕が言ったんじゃなくて、機械に出てきていることとなので」と。僕が操作して出したわけじゃないから、その人もちょっとへこむんですけど、そういうところから気づきが起きる人もいるので、面白いですね。

宮田 ちょっと言いにくいことが出たとき、阪本さんははっきり伝えるんですね。

―― 伝えます。癌とか、そういう病名的なものは出さないですけど、メンタル系のことははっきり伝えますね。こういう傾向があるみたいですよ、と。

山﨑 ボクは「人をおちょくるのはやめなさい」と出たら教えてね（笑）。

――拓巳さんの場合、そこに愛があるから大丈夫だと思います。

宮田　拓巳さんは、あまり変なのは出たことないですよね。

●自分の〝欠け〟も受け入れて幸せになる

山﨑　皆さんに「夢は何ですか」と聞くと、寝不足の人は「しっかり寝られる毎日になりたい」と言うし、お金に困っている人は「とにかくお金が欲しい」と言う。でも、本当の夢は、欠乏感が消えた向こうにあるものなんだよね。今、成しえていない、苦痛感が伴っているところがあって、早くこの痛点をどけてくれということにフォーカスした夢になっている人がいるけど、本当は生きる大義みたいなものが皆にあるんだよね。そのためには、丸が欠けているところを埋めようとするのではないわけです。そのまま埋めようと思うと、欠けもそのまま大きくなる。

寂しがり屋の人は、権力、お金を手に入れるともっと寂しがり屋にな り、意地悪な人は、大金を手にするともっと意地悪になる。ナチュラル ポジションにいるときに漂っている気持ちが増幅する道具なので、この〝欠け〟をうまく使って、真円をここにつくって、確かにお金がなくて困っているけど、ありがたいことはたくさんあるよねと。そこで真円をつくろうと思うと、この辺を削らないといけないじゃないですか。それが多分、降伏（サレンダー）だと思うんです。降伏するから、幸福になれる。この丸を大きくしていったらいいと思うんですよ。欠けを埋めたいと思う頑張りではなくて、欠けを受け入れて、「欠けはあるけれども幸せだ」を増幅させていくという心持ちで向かい合うといいかもしれないですね。

――本当にそうですね。そこの部分が理解できていない方がいるので、時間があっても、おカネを持っても、不幸せな人がいる。それが今、拓巳さんがおっしゃっている話なのかなという気はしますね。

宮田　実際にそういうクライアントさんはいます。

山﨑　いるよね。

宮田　せっかくすごい結果が出ていて上手くいっているのに、どんどん性格が悪くなって、「こわっ!」と思うクライアントさんがいます。

山﨑　そういう人を引き寄せているんじゃないの?

宮田　やめてくださいよ（笑）。でも、これについては、私も学んだんです。これまで、「私とご縁があって来た人だから、悪い人はいないはず」という変な思い込みがあったんです。「私が変な人と知り合うわけないじゃん！」みたいな思い込みですね。当然ですが、最初は相手だって気を遣ってくれているから、いい人に決まっているじゃないですか。でもその人の本質はそうでなかったりすることもある。私はそんなことを鵜呑みにする傾向があるということを学びました。

●感情と臓器の関係とは

山﨑　「トラウマを外す」的なことを海外の情報で調べると、「ペインボディ（エネルギーの傷）」みたいな言い方をしたり、「ソマティック治療（心と身体をつながったものとして扱う療法）」みたいな言い方をしたりしています。例えば、「この人はお金持ちになっても性格悪、怖っ」と思ったときに、ざわつくじゃないですか。自分も不愉快になる。それがどの体感に出ているかを自分で見るんです。

宮田　それ、受けたことあります。

山﨑　例えば、胃に出るなとか、胸が苦しいなとか、首を絞められているみたいだなとか、背中がゾワゾワするとか、そのような身体の不快感を観察していくと、だんだんその状態がなじんでいく。そうやっていくと、そう思っていた相手の状態が変わるわけではなくても、もはやそこまで感じない自分がいたり、そのこと自体が消えてしまったり、というような不思議なことが起きるんですね。

宮田　私はそれをアメリカで「ボディトーク」という施術で受けたことがあります。

山﨑　それを「体感ワーク」と呼んでいます。これを教えてくれた人は、ネガティブな感情を感じきることで問題解決や治癒を目指すメソッドの創始者である笠村裕子さんという方です。それをボクは、「笠村メソッド」と呼んでいるんですけどね。

――でも、そのあたりはタイムウェーバーでも結構出ませんか。データベースで、どこの細胞のところにカルマがありますよ、みたいな感じで。

宮田　そうそう、臓器名が出ます。全然関係なさそうなのに。

――一応、東洋医学的な考えからだと、胃であれば共感というところを押してしまうことでゾワゾワ感がする可能性もあれば、心臓だったら愛情とか憎しみの感情がそこに感じられるのでゾワゾワすることになります。五臓六腑も感情とつながりがあるので。

宮田　脾臓はどう読み解きますか？　最近、トラウマで脾臓が出るクライアントさんが多いですね。肝臓は怒りの感情ですしね。

――脾臓は、心配や不安、悩みなどですね。

●人生は素粒子で変わる

――人生は素粒子で変わる、ということについてはどうお考えですか？

宮田 まず、皆さんが素粒子に対する考え方のベースがないですよね。私は生まれつき見えたりする体質なんですが、なぜそれが見えるのかなとか、なぜ目に見えないものが存在しているのかなということを、小さい頃からずっと考えていたんです。でも、やはり説明できるわけではないですしね。それが大人になって、今まさにタイムウェーバーと出会ったことで、素粒子のことをもうちょっと知ってみよう、となったんです。

例えば、亡くなった人の意識も魂もすべてがフォトンを発していて、そのフォトンが残っているからオーブが写真に写っていたり、それをチャネラーの私が拾うことによって、情報として、現象として、説明ができるんだということがわかったことで、すごく腑に落ちたんです。あとはそれを3次元的にどう説明するか、ということですね。

あと、ひと昔前なら「成功したかったら私と一緒にいなさい」と言う成功者がいたと思うんですね。実際に、成功している人や自分と同業のビジネスで成功している人の側にいたら、本当に自分も引き上げられていくみたいに成長することもあります。私はこれを、成功者の考え方を学んで真似るからだと思っていたんですが、それだけではなくて、同じフォトンを共有するから変わっていくんだということに気がついたんです。そんなことを通して、量子力学って結局はそんな話なんだよ、ということを伝えたいんですよね。

——そう、本当にまさにそこですよね。

宮田 はい。でも、私は小さい頃はダークな人だったので、鎧を着た変な人を見たりしたこともありました。昭和にこんな人、いないよね、みたいなことが見えるので、どうしてだろうと思っていたんです。

——ユングの言う集合的無意識には死んだ人の意識も残っているというのが、まさに今の説明ですね。これがポジティブな人とネガティブな人という問題にもつながると思うんですけど、ポジティブな人と一緒にいると自分自身もポジティブに変わったり、ネガティブな人と一緒にいると、自分もネガティブになるのは、その人たちが発している素粒子、フォトンに共鳴することから自分も変わっていくということですよね。

宮田　ええ。フォトンのネガティブな部分として、無意識なままでいるとフォトンに害されてしまうこともあるんです。だけど、「私は絶対、ポジティブでいる！」という気持ちでネガティブの波に入っていったなら、あまりネガティブな影響を受けないんです。だから、そんなふうに意識を設定することで、選択できることも伝えたいですね。

とにかく、人は無意識になりがちなので意識的に選択することが大切です。逆に、遺伝子学的にもともとネガティブな遺伝子の人と、ポジティブな遺伝子の人がいるということが十数年前に見つかっています。でも、それを知った上で、本当にその遺伝のまま行くのかどうかも決められるのです。つまり、遺伝ではない方にも行けるわけです。そのためには、やはり、意識してフォーカスするということ。素粒子的に説明するなら、目に見えるものは、すべて素粒子でできているわけですが、なぜこの素粒子は紙になって、この素粒子は人間になるのか、ということです。その違いは、最近の量子力学的な解説で言えば、人の意識で素粒子は動くから、紙を作ろうと思えばそこに素粒子が集まるみたいな感じで、素粒子の形を決めるのは人間の意識であるという説が濃厚です。そういう観点を持つことで、ネガティブな遺伝的要素を持っていてもポジティブに変えられるし、ポジティブもネガティブに変えられるということを言いたいです。

――ネガティブな遺伝子だから、「俺、ネガティブなんだ!」となるのか、「いや、俺は違うぞ!」と変化していくのか、意識の問題ですね。

宮田　そうですね。意識がある所にフォトンもくっついてくるイメージでいくと、ポジティブという意識を発することで、そこにポジティブなことが寄ってくる。エネルギーはプラスとプラス、マイナスとマイナス、と磁石と逆の方向でくっついていくのです。

●自分にとっての幸せを定義する

宮田　あと、さっき拓巳さんがおっしゃっていた幸せや夢が、養殖なのか天然なのかという話について。それは世間一般論なのか、本当にあなたの中で思う幸せなのか、を見極めることですね。老後に本当に自分にとって2千万円が必要なのか、ということですね。ここでも、あなたの幸せは本当にはどこにあるんですか、ということなのです。

――幸せの形の違いに気づいていけることによって、本当に自分の望むことがわかってくるということですね。

宮田 はい。「年商1億円にしたい」と言う年商100万円の人もいますが、今、一度立ちどまって、欠乏の先にあるもの、本当にあなたに必要なものを見てほしいです。

山﨑 「幸せ」というのは、結局〝概念〟なんですよね。概念と概念で語り合うことをボクは概念トークと呼んでいますが。人は、「一生幸せになって、自由になって、豊かになりたい」と言うけれど、それぞれがまったく違う人生を歩んでいくわけです。概念とは雲をつかむようなものなので、それを定義づけしないと体験できないんです。だから、「あなたは幸せをどういうふうに定義づけますか」、ということになる。

例えば、「自分の大切な人たちが笑っている」と定義づけすると、何を努力したらいいかがわかるし、いつ叶ったかが認識できるんです。でも、「幸せになりたい」だけだと、「最近、幸せになりましたか？」「いえ、まだです」「何をしたらそれが叶うんですか？」「それもわからないんです」ということになるので、いかに定義づけするかですね。また、概念が雲だとすると、太陽という神の力を使って地に影を落とすことができます。そうすると触ることができたり、探すことができたりすると思うんです。他にも、「明るい毎日」の「明るい」とはどういう定義づけですか、ということ。「１日の笑顔の数が２千５００回を超えたら、明るいと言える」みたいに定義づけすると、何をやればいいかがわかる。

ちなみに、ギリシャ哲学のソクラテスは、いろいろな先生のところに出かけていっては、「我が国における豊かさは」と語る先生に、「先生がおっしゃるところの国家とは何ですか？　豊かさとは何ですか？」と質問しまくったそうです。そうすると皆、ごまかしているからたじたじになって、「君はわかるのか」となり、「わかりません。一緒に学びましょう」ということになった。そうしたら、ソクラテスはギリシャの町中で人気者になって、お父さんが「息子よ、君はまだ若いんだから、そんなことをしている場合じゃない！」と言うと、「お父さんがおっしゃるところの若いとはどういう定義づけですか？」とやるようになった。親も困り果てて、それでソクラテスは死刑になったんです。彼はそんなことで死んでいるの。

——すごいですね。哲学的になり過ぎて死刑になったんですね。でも、魂の本質をずっと質問されると、そこがぼやけている人は居心地が悪いですよね。

山崎　面白いよね。このことは、ギリシャ時代から今まで数千年間もごまかされ続けているんですよ（笑）。

――だから、自分の人生の目的がわからない人たちがここまで増えたんでしょうね。

宮田　それでもやっていける世の中になっているからですよね。

山崎　昔は、そんな哲学的なことを考えるより、きょう食べるメシのことを考えていたからね。今はそれが満たされたから、人間の欲望を説いた心理学者のマズロー的に言うと、次のところに行かなければいけない。だから、より具体的にしようと思ったら、概念で終わっているものを定義づけていくということです。

――ちゃんとした目標にしないと、達成されたか、達成されてないかもわからないですからね。

●本を10万部売りたい理由

山﨑　そう考えると、本を10万部売りたい場合、「なぜ10万部なのか。10万部を売るということは、自分にとってどういうことなのか？」と問われると、初めて地に足が着いた考え方ができますね。

宮田　そのあたりは私も聞きましたよ。

山崎　聞いてくれたっけ？

宮田　はい。なぜ時間をかけて売りたいのか、ということを聞きました。

山崎　そういえば、〝台形型〟で売りたいという話をしましたね。あと、部数は伸ばすけど、劣化はさせない売り方が大事だと思った。本が10万部売れるということは、自分の伝えていることが社会に役に立っているという手応えなんですね。なぜそこを求めるのかというと、自分には生きる価値があるということを取りに行きたいんです。それが自分の生命の証明だからです。だったら、「生命の証明を心地よく進行させてほしい」とタイムウェーバーにはかけた方がいいよね。その象徴として10万部というのをかけているんです。あと、最近は過去の部数に負けている悔しさがある。出版というものがまだ元気だった時代のようになりたいからね。

――それが達成されたら、出版業界はすごく盛り上がりますよね。今は業界が弱ってきているというか（笑）。かつては、情報を得るには書籍しかなかった時代もあったくらいなので。でも今、5万部突破しているという状態なら、その頃の勢いはすでに超えていると思うんです。昔の2千万円と今の2千万円の価値は全然違いますからね。

山崎　出版業界はノウハウが古いまま残っちゃったよね。本当なら、もっとベンチャー的要素を入れていくべきだよね。

――今ではインターネットができて、YouTubeが出てきて、TikTokも出てきて、簡単に情報が手に入るようになったので。

山崎　でも、出版業界では、いまだにファックスを使っているところもあるからね。今の新入社員は、ファックスの送り方なんかは教えてもらわないとわからないよね。「それ、反対だから」みたいな（笑）。

宮田　そうなんですか！

山崎　そうなのよ。新しいものを取り入れられないのと、強かったがゆえに、そんなおじさんたちが残っちゃった（笑）。

――プライドが高い人たちだけがしがみついて残り、優秀な人はやめて飛躍するということです。

山崎　そうすると、今度は社内では誰につくのかという社内政治の話になるよね。人間というのは愚かだから、必ずそうなるのよ。

宮田　大人のブラックな世界ですね。

――そして、自分の望みがわからなくなった人たちの集まりになっちゃうんですよね。なんだか自分自身が、いきなりマズローの最下位に落ちるみたいな感じですね。今までは承認されていたのに、「エッ、食えなくなったらどうしよう。ここに居続けなきゃ！」となっちゃう。でも本来、本はすごいものだと思うんです。人の人生を好転させたり、気づきを与えたりするじゃないですか。だから絶対的に必要なものだとは思うんです。さっき拓巳さんが、これは自分の存在価値のためだとおっしゃっていましたけど、その本で救われる人たちがいるということは、すごいことだと思いますね。

山﨑　天下りだって、残念な気持ちになります。でも、その仕組みができた当初は、優秀な人が出向して小さいところに行って、さらにまたそこで活躍をするという図式があったはずなのに、いつしか保全ルートになってしまった。

――これも、先ほどの幸せの形の違いだと思うんですね。出向して、そこをよくしていこうという意図の人たちがいた。でも、「これって退職後も裕福にやっていけるじゃん。いい仕組みだ」と、別の次元の考え方も出てきて、今では年齢を重ねた人たちが、天下り先を最後の止まり木にしているケースも。切ないですよね。

山﨑　ＪＡＬの再建、それに相応しい適任者はとなったとき京セラの稲盛和夫さんが選ばれました。誰ならば再現できるのか？　というプレッシャーとご高齢の中、見事に素晴らしい再建劇を見せていただいた訳です。

――上にそういう人たちがいると、下の人たちは自分自身の本当の望みというものがなくなってきますよね。だから、本当に自分がこうなっていきたい、という望むところにフォーカスし直すことが重要なのかなという気はします。

山﨑　そこら辺をバサッ、バサッとできる人がいたらすごいよね。

宮田　本当に。

●子どもたちがやる「エンガチョ！」は効果あり

宮田　人も本来ならタイムウェーバーのようになれるんじゃないか、と思うのですが、その１つの例が「エンガチョ」ですよね。

山﨑　そう。「エンガチョ」とは、子どもたちの間で使われてきたおまじないのような言葉遊びで、不浄なモノや人と縁を切る時に使う言葉です。でもこれが、効果があったりするんです。結局、心の中は「ごっこ」でできているので、「ごっこ」を甘く見てはいけないと思うんですね。例えば、小さなことを大きく喜ぶと、大きなことがあっさり起きる。また、小さなことを小さく評価し、大きなことを大きく喜ぶと、大きなことには大きな努力が求められる。小さなことを小さく、大きなことを大きく、これは大人になったねということで、小さなことを大きく喜んでいると、大人げないと言われる。でも、「すごい！　サンタさんからプレゼントが2つもある」と子どもに言われると、親は3つ目をあげようかなと思うものです（笑）。そうやって周りの力が動きはじめて、大きなことが簡単に叶うようになっていくので、実は小さなことが大きなことに、大きなことが小さなことになる。だから、何かを祓いたい時に、エンガチョをやると簡単に祓えるんです。その際には、自分でオーリングテストでチェックしているんですけど、すごく使えるので、セルフ・エンガチョをやっています（笑）。

――一種のアファメーションを行動でやっているみたいな感じですね。

山崎　「これで切れた？　おお、切れているじゃん。オーケーじゃん」と、オーリングでチェックしているんです。「こうなんです。ああなんです」と言う人に、「じゃ、その思い込みを外していくね。エンガチョをしよう」と言って、「エンガチョ！」とやると、ちゃんと切れるんですよ。

――それはタイムウェーバーが拓巳さんで、受けている人がクライアントさんみたいなものですね。

山﨑　はい。オーガニックのタイムウェーバーです（笑）。

――タイムウェーバーの開発者であるドイツ人物理学者のマーカス・シュミークは、タイムウェーバーの機能は本来人間に備わっているという話をしているんですよ。それが起動しているか、していないかの違いなわけですが。拓巳さんは、そのあたりが起動しているんでしょうね。

山崎　じゃあ、ボクもシャーマンだね。

宮田　はい。拓巳さんもシャーマンですよ。ちなみに、エンガチョは私もやってもらいましたが、「なんかすごく切れた感じがする！」と感じました。

――その際は、自分自身が何か切ってほしいものを意識するんですか？

宮田　はい。私が拓巳さんからやってもらう場合は、私が切ってほしいものを言って、拓巳さんが、「それはどうなの。どっち？」とオーリングで聞いて、「エンガチョします」みたいな感じです。

●ネガティブになるのは穢れているから⁉

――それはキネシオロジーのテクニックで、そのままヒーリングと変わらないですね。

山﨑　そう、変わらない。エンガチョを日本で流行らせる本になったらいいね。

宮田　そうなると、テーマが変わってしまいますが（笑）。

山﨑　でも、エンガチョってどういう意味か、もっと深く調べたいですよね。『千と千尋の神隠し』のキャラクターの釜爺《かまじい》がやっていたけれど、やっぱりチョッキンと切るようにしていた。でも、「バリアー」なんかも同じ意味なんだよね。

宮田　昔、やっていましたね。

山﨑　「エンピー」も。

宮田　エンピーはわかりません。

山﨑　ちなみに、伊勢神宮にお参りに行くときに、27年間お勤めになられた神主さんだった方から、1時間で伊勢神宮について学びましょうというZOOMの会があり、その際に最後に質問をする機会があったのですが、「私はどうしてもネガティブな気持ちがなかなか抜けなくて」と言ったら「穢れですね」と。エッ、ネガティブは穢れなの？　それは学びだなと思った（笑）。

――煩悩の１つですからね。

宮田　ストレートに言われましたね。

山﨑　もう軽く、「あ、穢れですね」と。それがインパクトあり過ぎて。でも、「お前はメゲてるんだね」だったら優しいけど、「おまえは穢れている」って嫌じゃない？

宮田　嫌だ（笑）。

――でも、それが本当の優しさかもしれないですね。

宮田　ハードな気づきですね。

山﨑　「今日、多美枝さん穢れているから、皆、優しくしてあげて」「そうなんだ、穢れているんだ。まあ一杯いこうぜ」ってノリで。

宮田　それは今日の私、まんまじゃないですか（笑）。

●ハワイの自然エネルギーを使う「ノアワーク」もタイムウェーバーと同じ

――ここで少し、多美枝さんがやられている「ノアワーク」について、教えていただいてもいいですか？

宮田　はい。でも、よく考えたら、ノアワークのメソッドはタイムウェーバーと一緒なんですよ。やはり、意識の問題なので。自分で自分の意識を変えるのはなかなか難しいですよね。自分に自信がなくて、「私、そんなことできません」みたいな方がいます。だから私がやっているのは、ハワイの自然界のエネルギーをクライアントさんにインストールして、そのハワイの自然界の力を使って起きてくる事象を変えていきましょうというメソッドです。自然のエネルギーに触れることで、自分の意識が変換するから、起きてくることも変わるわけです。いい意味で、「これがあるから大丈夫」的な感じのものですね。

――その場に実際にいなくても、その場所からのエネルギーやヒーリングを受けたりして、変わっていくということですね。多美枝さんがタイムウェーバーでやっているのと同じですよね。

宮田 そうですね。例えば、麻布から東京駅発の新幹線に乗りたいけれども、時間が20分しかない場合は、普通ならちょっと厳しいですよね。でも、私はいつも間に合うのです。どうしてかと言うと、タクシーに乗っている間に、新幹線の座席に座って「ああ、よかった。間に合った！」と喜んでいる自分を想像し続けて、時計を見ないようにするのです。これがノアワークのメソッドなんです。

山崎 それは、ハワイのワーク？

宮田 ハワイのエネルギーワークですね。さっきの例でいくと、ノアワークとは、新幹線に間に合い喜んで座っている自分をイメージして、その画像を風と水と火のエレメントで固定するイメージをして、時計を見ないんです。なぜなら、時計を見ることは、この3次元にとどまることになるから、時空を超えられなくなるからです。つまり、この3次元を無視して、とにかくそこだけにエネルギーを集中していれば、それが起きますよ、というような使い方なんです。そして、実際にそうなるんです。要するに、そう願っている状態に自然界のフォトンを乗せているようなものだと言えばいいでしょうか。だから、タイムウェーバーと同じことをしているんです。だって、タイムウェーバーもそうなりたいというフォーカステキストを入れて、そこに向かってその波動域にフォトンをかぶせているわけです。だから、やっていることは一緒なんです。

山﨑　なるほど。自家製のふりかけをかけるか、買ってきたふりかけをかけるかの違いだね。

宮田　そう、高級ふりかけか自作かみたいな（笑）。

山﨑　タイムウェーバーは買ってきたふりかけなわけね。

宮田　そう、高級ふりかけです。それを教えてくれたのがハワイの火の女神ペレ様だったのです。今から15～6年前、レイキにハマっていた時があったんですね。その頃、レイキを使って変なものを自分で憑依させてしまい、それが抜けなくなって大騒ぎになったことがありました。顔つきも変わってきて、これは大変だと。でも、レイキではそれが全然外れない。どうしようという時にペレ様からのメッセージがやってきて、「あなた、レイキは古いわよ」と。確かに、レイキは空海の時代の頃のものですからね。そして、ペレ様が憑依を外してくれたのです。その時に教えてくれたメソッドを体系化したものがノアワークなのです。

●レムリアは波動調整器の悪用で滅亡した!?

――すごい話ですね。

宮田　ちなみに、ハワイがレムリア大陸とつながっているという話がありますよね。去年、ハワイ島に行った際に、レムリアの人々とハワイの先住民が会議していたという場所、「タイドプール（満潮時に海水に浸かる部分が干潮によって陸に出たときに、その地形によって海水が残る部分）」に連れていかれたんです。そのタイドプールの水面には、「ペトログリフ」というハワイの象形文字で星のマークが書いてあるんです。その場所で、なぜレムリアがなくなったのか、という話になったのですが、ある人から「レムリア時代には多美枝が使っているタイムウェーバーみたいなものが存在したのよ。それをレプティリアン（爬虫類系の存在）が操作して、マカバ*を回し間違えて崩壊したの」と話してくれました。

タイムウェーバーは、アメリカではあまり広まっていないのですが、私のハワイ島に住んでいる友達の知り合いで持っている人がいるんです。しかも、タイムウェーバーのシステムを自作されたりしているんです。システムというのはモジュール（システムの構成要素）みたいなやつで、自分で設定を作れるんですけどね。「ハワイと縁がある人は、タイムウェーバーにつながりやすいんじゃない？　レムリアだから」という話になりました。要するに、レムリア大陸が滅亡したきっかけが、波動調整器的なものだったと。マカバを回しておかしくなったというのは私も聞いていたんですけどね。それが機械だったということです。

山崎　マカバって何？

宮田　星型二重正四面体の神聖幾何学で、宇宙の創造のエネルギーといわれていますね。

山崎　そのマカバを回し間違えたの？

宮田　はい。そのせいで、地球全体が一気に12次元までバーンと次元上昇して、バーンと落ちてゼロになったという話ですね。

山崎　その当時にタイムウェーバーがあったの？

宮田　タイムウェーバーみたいなもののようです。波動調整器と言っていたからある意味では一緒ですよね。その波動を変えることで、マカバがブワーッと回るという。世界的なスピリチュアリストのドランヴァロ・メルキゼデク氏によると、自分のハートの中にマカバがあって、それを回せた人は時空も超えられるし、すべてを手に入れることができると語っていますね。私たちは3次元の概念の中で生きているから、時間などたくさんの制約がある。そこを超えていくために、ハートの中のマカバを回すという彼のセミナーに出たことがありますね。

山﨑　ハートの中にタイムウェーバーがあるようなものだね。

＊マカバ：正三角形を立体化した２つの正四面体を上下に重ね合わせた神聖幾何学の形の１つで、人間のスピリットと肉体に作用している光のフィールド。

●タイムウェーバーでシンクロが起きる

――クライアントさんの事例でユニークなケースはありますか？

宮田　人間関係に関することはディープな話なども多いですね。私の場合、

「離婚したい！」というお客様のリクエストで調整した場合、すぐ離婚できる人と、逆に、離婚どころか仲よくなっちゃうケースのどちらかなんです。ある女性のクライアントさんのケースですがこんなことがありました。「夫と別居して3年経っていて、もう連絡もつかないから、そろそろ決着つけようと思っている。どういうふうに動いたらいいかしら」と言われて調整をかけたら、「旦那さんが家に帰ってこない本当の理由を、あなたは知らない」とタイムウェーバーで出たんです。実は、旦那さんの方は別居生活が寂しくてワンちゃんを飼っていたらしいのです。ところが、いざ自宅に帰ろうかと思った時、奥様は犬アレルギーで、犬がダメだということを思い出したんです。だから奥様に連絡をとらなくなっていたらしいのです。実は、タイムウェーバーをかけた日の晩に、彼女の娘さんに「ママ、まだ知らないの？　パパが帰ってこないのは内緒で犬を飼っているからなんだよ」と言われて驚いたそうです。その話を聞いた時、私のエステサロンのスタッフが犬を飼いたいと言っていたのを思い出し、「その犬、こちらで引き取らせてください」と伝えました。最終的に別居していた旦那さんと2人で九州から長野まで来て、うちのスタッフの家を見て、旦那さんが「ここなら大丈夫！」と言って、犬を引き渡してくれたのです。

山﨑　タイムウェーバーをすると、シンクロニシティが起きやすくなるよね。

宮田　そうそう。

——さすがというデータが出てきますね。要するに、自分自身の意識を映す鏡みたいなものなので、意識と毎回シンクロが起きて、現実化も起こりやすくなる。

●タイムウェーバーで人生のすべてが流れはじめた！

宮田　先ほどのケースの旦那さんは、大企業の顧問で何百億円を動かすようなお仕事をされていたんですけど、ハードなお仕事というのもあり、ご本人はウツ状態にもなっていたんです。だからその後、私のセッションに来られました。すると、ウツも治って会社を辞めることになり、さらに大きい企業との契約も決まり、わずか半年間で人生が大激変したんです。すごくないですか。その奥さんは結局、タイムウェーバーを買ったんですよ！

山﨑　本当に気に入ったんだね。家にシャーマンを呼び込むみたいな。

宮田　そう。でも、私のところには通ってくださっています。他には、ビジネスコンサルの方でタイムウェーバーをかけている人が、初めて受けた翌日に、経理がお金を横領していたのが発覚した、ということもありました。

――なるほど。ちょっと先ほどのご夫婦の話に戻りますが、その2人は何がきっかけでワーッと関係が改善したのだと思いますか？

宮田　ご夫婦でいる意味を掘り下げたからだと思います。これまでも離婚できたのに奥さんの方は、なぜ離婚をせずにいたのか、などを掘り下げたんです。夫婦という形に対するトラウマや思い込みを最適化してみたのです。また、旦那さんの方は、別に大企業の役員などでなくても実力のある方で、個人でも成功できたはずですが、なぜ大きい会社にこだわるのか、などを掘り下げたんです。そうしたら、「自分の枠を超えていきたい」という欲求とかエゴがあった。おカネ持ちになりたかったのは、おカネ持ちになると時間がたっぷりできると思っていたからだそう。でも、実際にそうなってみたら、暇過ぎてダメだったと。ただ会議でうなずいてコメントを出すだけで窓際族みたいだなと思ったそうです。そして暇だから、ついつい女性と遊んでしまい騙されちゃった、と。だから、何のために大企業にこだわるのかを質問したり、彼のトラウマを外したり、価値観を調整していったのです。

――そうすると、すべてが流れ出したんですね。

●クライアントとの信頼関係は大切

山﨑　タイムウェーバーはオペレーターのセンスがものすごく重要だね。

――タイムウェーバーの操作をする人は、パニクッたりすることもあるんですけど、一番大切なのはクライアントとのすり合わせなんです。そこがちゃんとできてない人が多いなという気はしますね。

山﨑　そういう意味で言うと、ボクは意外と多美枝さんを信用しているよ。

宮田　ありがとうございます。意外とって（笑）。

山﨑　頼っているんで（笑）。

――信頼関係が得られないクライアントさんは、僕もお断りします。「無理だと思いますよ」という話をはっきりさせてもらいます。僕のことを信頼しなくても別にいいですという話ですし、僕もやりたくないというのはあるんですけど（笑）。

山﨑 そこがかみ合わなかったら難しいよね。

宮田 やはり、こちらも人間ですから、合わない人とは合わないですからね。

――それはタイムウェーバー以前の問題ですね。

宮田 最近だと、ある整体師のクライアントさんが、7年間も離婚訴訟をしていて離婚できなかったのに、タイムウェーバーを受けたことで、3カ月でスパッと離婚しました。その人は女性に対する性的トラウマがあって、

「女になんて負けてたまるか！」という攻撃的なエネルギーがすごくあることに気がついて、そこばかり調整しました。最初は、「離婚できますように」という方向でやっていたんですけれどね。彼の女遊びも、「本当にその女性と遊ぶことが必要なんですか？」みたいな感じで聞いていき、「タイムウェーバーでも合わないと出ていますよ」と言って女性関係も整理もしたら、スパッと離婚できました。つまり、その人の人生における最初にやるべきところがうまくいくと、その後、残りのすべての要素が全部上手くいくようになるんです。

――解決することがクリアになると、一気に全部が上手くいくということですね。

宮田　このケースだと、「離婚できないことが俺を苦しめる」と言っているけど、そうじゃなくて、もともと女の人とのカルマが強過ぎるから上手くいかない、みたいなところがあったわけです。

山崎　それは直感でわかるんですか？

宮田　直感もありますけど、タイムウェーバーに出るんです。私でも「えっ！」というようなことが出ますよね。

——　フォーカスしたことと全然違うところに対して出てきたりします。例えば、「仕事で成功したい」というリクエストに対して、「体を整えてください」みたいな。

宮田　そう。あと「休暇を取ってください」とかね。

――僕もその休暇が出まくるのですが、実際に休暇をとると、仕事がさらに上手くいったりしますね。

宮田　やっぱり。

山﨑　ボクも休暇が出るんじゃない？

宮田　はい、ずっと出ていますよ。

山﨑　コーヒーでも飲んで、休暇をとろう（笑）。

宮田　それはただの休憩です（笑）。ちなみに、先ほどの整体師さんのケースですが、彼のクリニックは、急にその後、店舗数拡大の話が持ち上がり、立て続けに3店舗がオープンし、今では県内に留まらず、他県にまで多店舗展開をされるまでに事業も成功されたのです。余談ですが、その整体師さんは、腹が立つほどイケメンなんですよ。

――女性関係のカルマを解消するためにイケメンに生まれてきたのでしょうね。

宮田 そうなんです。まさに一昨日、ZOOMで彼のセッションしていたんですけど、「なんせ、イケメンですからね」と言ったら、「そうなんですよ！」と言うから、「調子に乗っていると、またやりますよ」と忠告しておきました（笑）。

●風の時代と量子の関係とは？

――今、「風の時代」がはじまって数年経ちましたが、量子的なものと時代の関係はありますか？

宮田　先ほどの拓巳さんの、「大きいものを小さく、小さいものを大きく」というお話は、軽やかで風の時代に合っていますよね。風の時代は、風に乗るような軽やかさがないとダメだから。やはり、あれこれ理由づけなどをしていると、どんどん重たくなっていって、量子＝エネルギーが飛ばなくなる。だから、それをいかに外して軽くさせて、運気の上がった調子のいい状態にしていくか、ということですね。

山﨑　風の時代は、多種多様な価値観を受け入れていく時代だよね。「あの人たち、〝風〟じゃなくて〝土〟だよね。昭和だよね」というのは、多種多様なるものを受け入れてないと思うわけです。でも、あえてそういうものをも受け入れることも大事。「あの重さが好きなんだね。老害的なふりをわざわざしてくれているんだね。そういう趣味なんだね。昭和もいいよね」となれたときに、初めて風になれるのだから。だから、土を否定する人は風になれないんです。

宮田　そうですね。

山﨑　それを「土ぼこり」と呼んでいるんですけど（笑）。

宮田　うますぎます！

山崎　でも、そんなことをも内包していくんです。例えば今、音楽の世界では昭和の曲がものすごく流行っているじゃないですか。何がいい・悪いじゃなくて、どれが好き・嫌いという時代になってきたよね。ある部分を縦割りにすると、そこではめっちゃ流行っているという世界観になっている。でも、ボクらの若い頃は、皆が同じ格好をして同じ曲を聞いて、皆でTVドラマの『金八先生』を見ていた、みたいな感じ。でも今は、「これ、めっちゃ流行っているんだよ。誰もが知っているよ！」と言っても、「ネットフリックスの中だけだよね」ということもある。そういう意味で言うと、過去も未来も、同時進行しているんですね。もちろん、未来の曲は今、聴けませんが。例えば、うちの娘は中2ですがかつて流行った『木綿のハンカチーフ』を歌っているわけです。

宮田　それはどういうことですか？

山﨑　YouTubeで見るわけですよ。昔の曲のカバーも流行っているしね。娘は六本木で生まれ育っているのに、「♪〜都会の絵の具に染まらないで帰って〜」って、自分が一番都会じゃないかと（笑）。自分が染まりまくってておるやんか、と。でも、すごく面白い時代だなと思います。本当に過去も同時に進行している。懐メロという概念がなくなるかもしれない。

――昔の音楽をダサいと否定するのではなく、今、楽しむっていうのも風の時代ですね。

宮田　否定などしないということですね。

山﨑　そういえば、昨日、「ユーミン美術館」に行ったんです。六本木ヒルズでちょうどやっていたから。そこには、「今の時代は私の古い曲でも、今、あなたが出会ったら新曲ですものね」とあった。なるほどなと。

宮田　ユーミンさん、さすが神ですね。深い。

●AIがすべてのことをやりはじめると人間は退屈する!?

山﨑　さすが50年も歌ってきただけありますよね。半世紀ですよ。でも50年歌うことはできるけど、50年、その歌を聴いてもらうのは難しいと思う。あと、AIやロボットが出てきて、より人間の苦悩から解放される時代だと思うんです。しんどい思いをしている人、我慢している人、危ない思いをしている人、つらい思いをしている人にロボット、AIがとってかわると思うんです。だから我慢をマネタイズしていた人たちは、すごく困ると思う。家族を食べさせるために「俺さえ我慢したらいいんや」と思って働いていたお父さんの重労働をロボットが奪っていくし、「私こんなの嫌いやけど、SEは儲かるから」と思って一生懸命我慢してやっていた人の仕事を、AIがはじめると思うんですね。それは人間の方からすると「奪われている」のだけれど、社会のフラットな目から見ると「救済している」わけです。当人は奪われたと言っているけど、離れた所にいる人たちは「あの人は助かった」と言うはずです。

そんな不思議な世界観がそこにはある。それは何度も何度も人類の中で繰り返されてきたことだと思うんです。例えば、自動車が発明されたら、それまで歩いていた人が、車に負けちゃいけないと思って一生懸命走ったりしたんだけれど、F1などになったら、勝てるかというと勝てないわけです。だから、何が必要かというと、ミハエル・シューマッハ（元レーシングドライバー・F1王者）になる必要があるわけです。つまり、F1で一緒に競争者として走るのではなくて、車に乗る人になるということです。新しい技術が出てくれば出てくるほど、新しいものにはちょっと恐怖感があったり、検証されてないからマユツバだなと思ったり、信頼できないと思ったりするかもしれない。

しかしながら、ボクにとってタイムウェーバーは「チャットGTP（人工知能のチャットボット）」と一緒で、何者なのかを知りたいという気持ちもあって、早く取り入れたかったんです。当初は、ドイツ語じゃないとできないと言われた。それから英語ができて、英語でもきついなと思っていたら日本語になったというから、すごいと思って乗っかった。

これからも、そのようなものはまだ出てくると思うんですよ。

テスラのＣＥＯのイーロン・マスクは、頭にチップを埋め込むという技術の申請を出していて、認可がおりると半年後には売り出すらしいのです。レーシックとかインプラントぐらいの感じで入れられるとのこと。そうすると、サルがタイピングをはじめたりするようなことになってくるらしくて、それにも興味がある。そうすると、ナノメーターみたいな小さなコンピュータを身体の中に走らせて、体内でバイタルの数値が判断するので、「気づくのがもう少し早かったら、助かったのに！」ということがなくなる。逆に、自分が気づいてないのに救急車が来て、「エッ、何で俺、運ばれるの？」「ナノメーターから情報が来ているんで。あなたはあと少しで倒れます」「俺、今から倒れるの？」みたいなことになる。これからそうなるのよ。

宮田　そうなると、人生１２０歳時代が本当にやってきますね。

山﨑　市場に出つつあるヒト型ロボットなども、３００万円くらいのようです。となると、過去に他の人より早く携帯電話を買ったようなちょっと尖った人なんかは、ロボットを連れてくるようになるよ。「後ろにギーカシャン、ギーカシャンがいるんですけど、何でしょう？」「うちのロバートだよ。ロバート、ご挨拶をして」みたいにね。そして、血糖値が下がってくると、身体の中のナノメーターが気づいて、「どうぞ。血糖値が下がっておりますので」と羊羹を差し出したりする。

宮田　すごい時代が来ますね。

山﨑　でも、そうなればなるほど、人間は退屈になってくるんですよ。そうなったときに、人間がどこに行くかというと、〝心〟なんです。心の中に入りたい、知りたい、となる。そこが新たな市場であるブルーオーシャンだから。これからは気持ちとか、トラウマとか、自分の思考パターンとか、そういうところにみんなが興味を持って進んでいくんでしょうね。

宮田　私は、ブルーオーシャンという言葉自体の意味の〝青い海〟という感覚と風の時代という感覚が頭の中でつながっているんですよね。

山﨑　さすがハワイアンだね（笑）。

宮田　そこですか！

●自分に向き合えるタイムウェーバー

山崎　タイムウェーバーのどこがいいのかと言うと、まず、タイムウェーバーのセッションをお願いするときに、「何をお願いしようかな」と自分と向き合うよね。要するに、それくらい普段から願うことなしで生きているということだよね。「じゃ、多美枝さん、これを見てください。あと、これとこれ」となったときに、まず自分との向き合いが成立しなかったら、何をお願いしたらいいかわからない。そういう人がいると思うんです。アラジンの魔法のランプから魔神ジーニーが出てきて、「3つの願いを言いなさい」と言われたときに、「エー、エー」と言えないまま終わっていく人がいると思うの。

宮田　はい。いますよ。せっかく、予約して来てくださっているのに、「……」みたいな方がいますよね。

―― いますね。「何を望んでいいか、わからないんです」という悩みのある人や、「とりあえず受けてみようかと思って」みたいな感じの人とか。

山崎 ヒカルランドに行ってセッションを受けた時、「これは1時間で終わりなんです」と言われました。だから、「1時間にしているんですか？」と言ったら、「1時間以上だと、他の欲まで出てくるんです」と言われたんですね。要は、望んでもないようなことがどんどん出てくるよね。

宮田 確かに。

―― だんだんエゴが出てくるんですよね。

山崎 それがすごく面白かった。人間は愚かだなって。

――セッション終わりになると、「もう1個いいですか。あと1個だけいいですか」と言う人は、苦しいんだろうなと思いながら調整をかけます。

●タイムウェーバーのこんな使い方

宮田　なるほど。阪本さんは、自分で自分のことをかけますか？

――僕はほとんどかけないです。

宮田　そうですよね。何でそうなっちゃうんですかね。

――わからないですけど、僕は超くだらないことを聞いたり、あとはパワースポットから水を持ってきたときにデータベースをつくったり、そういう使い方はしますね。

宮田 私だったら、10万ぐらいするヒト幹細胞の高級点滴があるんですけど、それをタイムウェーバーで読み込みたいですね。

―― そんなことも、いいと思いますよ。

山﨑 そういうことも可能なのですか？

―― はい、できます。オリジナルのデータベースがつくれるので、僕はパワースポットの水をつくったり、ホメオパシーでシェディングに効くレメディをもらって、それを入れてかけたりします。

山﨑　そういうことができるんだ。

――　はい、できます。なので、調べたいものがあれば、とりあえずデータベース化して、その人に選んだときに、「へえ、こういうデータベースが効くみたいですね」という感じで使ったりします。

山﨑　面白いな。

宮田　私もアロマオイルとか全部、自分で入れています。写真を撮って読み込ませています。

山﨑　今度、実家の海の水を持ってこようかな。

宮田　持ってきてください。

――もし、実家の海に癒やされるというのがあれば、共鳴するはずです。なので、そこの海水の波動が拓巳さんを元気にするんです。

山﨑　このタイムウェーバーの2人の使い手、すごい。乗馬している2人と、馬に乗ったことがないボクみたい。やっぱり乗馬は楽しいですか？

――楽しいですね。

山﨑　楽しいだろうね。

――たまに予定が2時間ぐらい空いたときに、マッサージに行くと自分自身が癒やされることでいい方向へ行く、とか、逆に何もしないほうがいいと出て、何もしないほうがいいんだみたいなことなどもわかりますね。

●職業も言い当てるタイムウェーバー

宮田　私もそういうことばっかりに使っています。私が驚くのは、クライアントさんの職業は入れていないのに、介護士の仕事をしている人に対して、介護の話が出てくるのとかもすごいです。

山﨑　ボクの仕事を特定する、ボクしかわからない言葉をタイムウェーバーは選んで話しかけてくる。

宮田　出ました。職業を当てるところが怖いというかビックリしますね。

山﨑　職業を前提としたアドバイスをしてくるからね。

宮田　そうなんです。

――タイムウェーバーをやっている人たち、持っている人たちといろいろなことを話したときに、最初にクライアントに信じてもらうためのデータベースが結構出てくるんです。受ける側にとってみれば、タイムウェーバーのことがわからない、信じられない、というのが正しい反応だと思うのですが、「でも、当たっているし、なんかしっくりくるな」となるのです。そのあたりについては、皆、共通的な認識がありますね。

山﨑　つまり、最初にエンゲージメントを高めてからやろうとしているんだね。

――　やっぱり信頼関係ができているほうが、セッションや調整がうまくいくので、最初にいきなりそんな感じになる傾向はありますね。

山﨑　タイムウェーバーって何なんだろうと、今、素朴に感じてきた。

――　不思議ですよね。

宮田　でも、そんなデータが出ない人もいますよね。

山﨑　どういうこと？　そういう人は塞いでいるのかな。

宮田　そんなこともタイムウェーバーが選んでいる気がする。

山﨑　タイムウェーバーが選ぶんだ。

●タイムウェーバーが向いていない人

宮田　少し脱線してしまいますが、こんなエピソードもありました。最近、ある人のご紹介で、ビジネスプランに申し込まれた若い女性がいました。その方とのセッションがはじまり、調整したいことや質問などをタイムウェーバーに入力しても、なぜか、トンチンカンな回答ばかりが出てきて噛み合わないんです。そこで、あまりにも不思議だったで、タイムウェーバーはその方には合わないのではないかと思っていたら、ご本人の発言がちょっとおかしいと感じるようになって……。虚言癖みたいな感じで。そこで、この方はお断りした方がいいのではないかとタイムウェーバーに聞いてみたら、「デバイスが合わない。断ったほうがいい」と。そうしたら、最後のセッションで彼女が私の態度が冷たいと怒りはじめたのです。すると、最後のとどめとして、「タイムウェーバーのデバイスを信用していないなら、他のことを試すべきである」みたいなのがバーッと出てきて、その人は「何なんですか！」と怒り心頭になって終わった事件もありました。

山崎　そんなことがあるんだ！

宮田　ここまでのケースは初めてでしたね。このような方には最初から言うべきだったかもしれない、と私の方も勉強になりましたが……。

―― それについても、ご本人の学びにはなっていると思うので、それ以上する必要なかったという認識でいいと思いますけどね。

宮田 そうですか。その方とは、毎回セッションの時には、こちらもドキドキしちゃって。

―― 僕はそんな時は、「こう出ていますけどね」という感じで完全に割り切るようにしています。クライアントさんは、結局、自分が望んでいることを言ってほしかっただけだと思いますね。だったらタイムウェーバーじゃなくていい。だから、タイムウェーバーで「デバイスが合わない」と出たのだと思うんです。自分の望むことだけ言われたいなら、タイムウェーバーじゃなくていいですよね（笑）。

宮田　そうですね。タイムウェーバーじゃなくていいですよね。

――言われたいことを言ってほしい人は、お金を払ってでも自分の望んでくれることを言ってくれるところに行ったほうが有意義なはずです。でも、その後に、「これじゃない！」と気づいたときに、またタイムウェーバーを受ける心構えになるかもしれない。

●心のアンバランスさえも楽しむ

――人間が面白いのは、心とか意識があるからだと思うんです。心の動きや感情などはＡＩが学んでできるものではないから。そうすると、先ほど拓巳さんがおっしゃっていたみたいに、今後は危険なことや困難なことをＡＩがやってくれるようになると、その後、行き着くのは、やっぱり心の問題なのかなと思いますね。

宮田 そうですね。私たち人間も心のアンバランスさも楽しめるようになれれば最高ですよね。そこをネガティブに捉えずに、アンバランスなところも「だから楽しいよね」と。

山﨑 そのためにも、「自己肯定感」という言葉の認識を変えないといけないと思うんです。これまでは、日本がまだ弱い国で、とにかく頑張れ、頑張れとやってきた時代は、いいところはいいけど、悪いところは直せという教育だった。今の自己肯定感という言葉自体、自分のダメなところはダメだと否定して、いいところだけを自己肯定することによる自己肯定感という認識で捉えているからね。成功すると幸せになる。確かにそんな時代がありました。食べられない時代はそうだったと思います。でも今は、まず幸せになってから、成功するという順番が逆だからね。やっぱり、幸せでない人の周りに集まるのはきつい。だから、まず幸せになって、それから成長を心がけるということ。成功は100パーセント約束されてはいないけど、成長は100パーセント約束されているし、成長の向こうに成功があるのも100パーセント約束されているからね。

宮田　そんな捉え方ができるようになると、タイムウェーバーとの向き合い方もいい方向にまた変わってくるでしょうね。楽しみです。

第3章

タイムウェーバーでミリオネラーを量産!

タイムウェーバー・トーク②
with
小熊弥生、山﨑拓巳

●最初からその効果を信じたタイムウェーバー

山﨑　弥生さん、本日はわざわざお時間、ありがとうございます。

宮田　弥生先生、お久しぶりです。最初に読者の皆さんに小熊先生のことをご紹介しておきますね。小熊弥生先生は英語力ゼロから3年で同時通訳者となり、世界的なVIPの同時通訳をされると同時に、世界ナンバーワン・コーチのアンソニー・ロビンズさんをはじめとする成功法則を自らのものにして、それを多くの人々に広くご紹介されています。また、現在では、世界平和活動家として、世界平和を目指してリーダーシップを取りながら数々のイベントなどを通して大活躍されているお方です。

小熊　お久しぶりです。私は多美枝ちゃんに最初にタイムウェーバーの個人セッションをやっていただいたんです。

山﨑　ボクは多美枝さんのセッションを、もう何年やっているかな。2年ぐらい？

宮田　もうすぐ2年ですね。ちょうど弥生先生と同じくらいの時期でしたが、拓巳さんの方がちょっと早かったと思います。

山﨑　今日は、タイムウェーバーの本を出すにあたって、弥生さんもタイムウェーバーを体験されているので、弥生さんが思うところのタイムウェーバーとは何かをお話しいただければと思います。まずは、最初にタイムウェーバーを初めて受けられたとき、すぐに信じましたか？

小熊　私は素直なので、めっちゃ信じていました。すぐに結果が出たし、もう疑う余地はないという感じでした。そして、その後も私の受講生でタイムウェーバーを持っていらっしゃる方が続々と、「調整させてくださぃ！」と現れたんです。だから、当初は受講生さんのツテで、無料でタイムウェーバーを受けさせてもらっていたんです。

宮田　そうだったんですね。

●世界平和を願って調整をかけた

小熊　2020年に初めて開催した「世界平和サミット」のときにも、タイムウェーバーを初めて地球にかけて世界平和を調整してみたのです。それで、実際に地球に対する阻害要因が激減するのをリアルタイムで皆さんに見ていただいたのです。するとその後、私にタイムウェーバーをやってくれていた方と突然、連絡がとれなくなってしまいました。でも、タイムウェーバーは使いたいから、「もう買うしかないってことか」ということで買い終わったら、また連絡がとれるようになったんです。意味不明でしょう。だから、タイムウェーバーを買わなきゃいけないというメッセージだったのだと思いました。

ということで、購入はしたのはいいのですが、タイムウェーバーを使いこなせない。使い方をまず教わらなければいけないと気づき、使い方を教えてくれる学校を探しました。最初は誰から学んだらいいかもわからない状態だったのですが、たまたまのご縁で「スピテック」という会社の学校と日程が合って、前日に急遽申し込んで、受講しに行きました。

そこでは、「何でタイムウェーバーをやりたいんですか?」と聞かれて、「世界を平和にしたくて」と答えたら、他の方たちとあまりにも目的が違い過ぎて、「あなたは一体誰なんですか?」という感じで、すごく謎な人物になっていたんですけどね。

宮田 目標が壮大すぎますね!

●スクールの生徒たちからミリオネラーが量産!

小熊 そうなんです。とにかく、私があまりにもずっと「世界平和」「世界平和」と言っているから、タイムウェーバーの調整をかけても「世界平和のために」とか、いっぱい出てくるわけです。「本当にそうなんですね」「はい、そうなんです!」ということで、どんどんやり進めていったら、だんだん使い方もわかってきた。「私って、タイムウェーバーと相性がいいかも」とのめり込んで、その会社さんで「レベルウェーブ」とか、いろいろな私が知らなかった機能を教えてもらって、私の「億《おく》楽《らく》」と名付けたスクールでどんどん使っていきました。「億楽」は、受講生の皆さんに「引き寄せ」をできるようになっていただくというスクールで、それまでもかなり確率は高かったんですね。でも、最初は1回の受講で、3カ月でやっと100万円みたいな感じだった。それがタイムウェーバーをかけはじめてからは、「2千万円引き寄せました」とか「4千万円引き寄せました」という人が出てきて、とうとう3カ月で1億5000万円とか、10億円とか、見たことがない数字の引き寄せがどんどんできるようになったんです。

山﨑　すごいですね！

小熊　私は、12次元のゼロポイントフィールドに打ち上がったフォトン自体が降りてきて3次元で現実化していくという理解をしています。そう考えたときに、今、私がタイムウェーバーに関して説明しているのは、12次元から3次元に降ろす間に、ある意味、フォトンがパーッと落っこちてくるんだけど、落っこちてくる現実に対して皆がネガティブな思いがあると、そのネガティブがフォトンを天に向けてパンチしてしまうので上に戻ってしまい、受け取れなくなってしまう。タイムウェーバーはそのネガティブな抵抗をバキュームクリーナーみたいな感じで、ガーッと吸い取るので引き寄せてくれると感じています。阻害要因がどんどん少なくなるので、ちょっと動くだけでボン！　と結果が出る。

●素直になるほど結果が出る！

小熊　だから、素直であればあるほど、私に似た性格の人たちであればあるほど、早く受け取れる。なぜかというと、素直な人は単純なフォトンしか出さないからです。駆け引きをするとか、二重構造になっていると、両方のフォトンがうち上がっているから、複雑化した現実、つまりドラマつきの面倒くさい現実になる。お金持ちになったけど、でもそのお金にはあんなことも、こんなこともついてきてみたいな、そういう面倒くさいことになる。単細胞だとそれがなくて済むというか、「行くか！」と言うと「行くか！」が打ち上がって、「行くか！」が返ってくるから、そういう人たちは結果がすごくスピーディーで、それも桁外れなものがガンガン引き寄せられているという感じです。

山﨑　今のお話を聞いていて、すでにボクはもう2点ほど反省点がある。その1つ目として、自分はだいたい私利私欲についてかけてもらっているかられ（笑）。

小熊　私利私欲でやっていくと、結局、私利私欲が打ち上がって、私利私欲しか返ってこない。でも、私利私欲で本当に幸せになるかというと、本当の意味で魂を満たすところまで突き詰めてないから、結局、ちょっとカスるんです。虚無感がある。

山﨑　反省ポイントの2つ目は、素直力というところ。ついついロジックで押さえていかないと納得できない、という意識が〝パンチ〟をしているね。

●自分というパイプをクリーンアップする

小熊　私にはクリステルさんという方がずっと個人セッションをやってくれていて、彼女の考え方も、私が現実化を起こすのにすごく役立っています。「天にパンチをしている」というのは私が考えた表現ですが、彼女は、「人間は複雑化しているドラマが好きで、分析しちゃうというのは眠ってしまうことなんだよ」とよく言ってくれるんです。だから分析することをやめました。分析せずに、ただ単純に、土管のように考えて、「打ったフォトンがそのまま返ってくる」という単純解釈にしていった。結局、バシャール曰く、「あなたが思い込んだとおりになる」から、私のところの現実は、めっちゃシンプルに「打ったものが返ってくるだけ」に本当になっている。なので、この地球上では異様にスピーディーに現実化ができているという感じです。受け取りができるように3次元で準備をしてもらうんです。パンチしてしまう概念を、「外す」ことだけにフォーカスしてもらう。「現実化する」ということよりも、まずパンチしているものを全部クリーンアップする。私は、「パイプスルー」と言っているんですが、そのパイプスルー自体にフォーカスしてもらっているので、皆さんが異常に軽い状態になるわけです。

また、思い込まされている重い概念、責任感を外して、「やらなきゃ」も外す。ありとあらゆる地球での重い概念になる原因や思考、例えば「完璧になる」とか、「完璧にやらなきゃ」とか、「損得を考えないと」とか、そういうのを全部外してもらいます。そして、「許す」というのが一大イベントになっています。アンソニー・ロビンズのモチベートの仕組みを使って、皆さんにガンガン外してもらっているので、皆さん、「許すブーム」がスタートする。結局、「許さない」というのは重いわけです。「許さない」という重いフォトンが打ち上がると、結局、許せない現実がやってくる。それがパンチになっているから、それも全部外してもらっています。そうすると、フワフワの綿菓子のような魂状態、素粒子状態が集団でいるので、そこにはジャンジャカ打ち上げたものが、何のパンチもなくフワッフワッと降りてくる。そんな感じなので、強烈な引き寄せ例がいっぱいあるんです。

山崎　なるほど。つまり、具現化していこうということよりも、素直力のほうを優先しているわけですね。

小熊　そうですね。

山﨑　そうすると、スッススッスといろいろなことが叶っていく。

小熊　はい。その方が速いです。強い願望を抱かせても、その強い願望の裏にある本当の真実は、「お母さんに認められたい！」みたいな、そんな人たちが多過ぎるんです。お母さんが大パンチを上にしているから無理でしょう。「お母さんに認められたい」や「いい女をつかまえたい」とか、そんなところに行っちゃっている人は、そんなに簡単には受け取れない。だったら許そうよということです。なので、号泣するまで、感謝するワークをやっています。泣いてないのなら本当に感謝していないんじゃないのと、脅しています（笑）。

山﨑　言うなれば、タイムウェーバーの前の準備体操が大切だということだね。

●すべては波動、素粒子でできている

小熊　そうです。現実創造の仕組みは、タイムウェーバーでより深く理解できました。本当にすべての色も、思考も、音も、模様も、ヨガのポーズも、マンダラも、ことわざも、ハーブも、エッセンシャルオイルも全部波動で、それがタイムウェーバーにデータベースとして入っている。結局は全部波動、素粒子だというところからスタートして、合致したものが類友で引き寄せになるわけです。だとしたら、タイムウェーバーが降ろしてくる、きれいにしてくれる、その素粒子と同じぐらい、人間の心もきれいにする。素直力というのは、私の講座の中では「パイプスルー」というワークにしています。人間は全部管でできている。そのパイプ自体が詰まりを起こしていたら、素粒子がエネルギーを一番マックスにして

も流れない。だとすると受け取りが遅くなるから、パイプスルーをやりましょうと言っています。

山﨑 タイムウェーバーはすばらしいけど、タイムウェーバーの前に自分の中をクリアリングしましょう。そうすれば、100パーセントのものが入ってくる。目詰まりを起こしていると、パイプの中の通りが悪くてダメだ、ということを弥生さんが指導しているということだね。

小熊 ええ。タイムウェーバーの現実化のプロセスが加速化するわけですが、現実がもともと許さない複雑なストーリーを持ったままだと、そのまま不幸が増幅していく。タイムウェーバーを使っている人で、自身にいろいろな事件が起きている人もいますよね。それは加速装置であって、結局、クリーンアップするのは本人だからです。タイムウェーバーに1万

８千個とか阻害項目があるなら、どれだかわからないと向き合えなくなるので、その手前で向き合ってもらって、先にクリーンアップをしてもらう。そうすると、タイムウェーバーで加速化させた際には、もう身軽な超かわいい、プルプル魂ちゃんになっている。魂の世界の話で言うなら、がんじがらめで真っ黒クロスケになっているものがポロンと全部取れて、きれいに輝いているダイヤモンドの魂ちゃんが出てくるみたいな状態です。前処理をしてからタイムウェーバーをかけると、それと同じものがガンガン引き寄せられる。単純に幸せしか引き寄せられないという感じです。

山﨑　すばらしい。弥生さんが日々やっていることが何だかわかった。

小熊　よかった。

山崎　これは教えていらっしゃる何本かある柱の1本ですか？　それとも、これがメインストリームですか。

小熊　これが基本で、これで引き寄せはできるようになるけれど、ビジネスとか、天命とかはこの後です。でも、このプロセスがきれいにできていれば、自分の命の使い方、天で決めてきたものも思い出せるようになって、そのきれいな加速化した魂ちゃん同士で、どうやってコラボレーションするのか。そうすると皆、ちゃんと地球と向き合える状態、世界平和に向き合える状態になるから、そうなればすべての人がライトワーカーに、アセンションリーダーになっていけるという感じです。

山崎　ライトワーカー、アセンションリーダーに……。ええ話するなあ。

小熊　ええ話やで。

山﨑　さすがやわあ。

●地球の過去もクリアリングして癒やす

山﨑　そうすると、どうしたらすっぱりとクリアリングできるのか、教えていただけますか？

小熊　それは１人の人間がどうクリアリングをするか、ということ？　それとも、地球の全人口、80億人の話をしていますか？

山崎　では、まず80億人の方から。

小熊　80億人の話になると、集合意識からの過去の流れはやっぱり見逃せないから、歴史を癒やしていくということになる。それも、ちゃんと説明してあげて、過去を癒やしていいんだよということですね。

山崎　その過去を癒やす〝過去〟とはどの過去を指している？

小熊　地球の138億年の宇宙の歴史と、46億年の地球の歴史と、人間の2万6千年の地球の歴史ということですね。全部がDNAレベルで素粒子としては記憶にあるものだから、戦い続けてきているその記憶自体を癒やしていくことをちゃんとやっていく。そこからやっていくと、本当に80億人の全員を癒やせるところまでいけます。

山﨑　それはネガティブな記憶だよね。

小熊　はい。ネガティブに解釈しているから、ネガティブな記憶なんです。アンソニーの「ディケンズ・プロセス」について、拓巳さんは「ＵＰＷ（Unleash The Power Within）」のセミナーでやりましたか？

山﨑　どんなのだっけ？

小熊　目を閉じて、「50年後もこのまま変わらなかったら、お前はどうなるんだ。本当にその苦しみをこのまま味わい続けていいのか？」というのと、「それが嫌だったら今、脱するんだ。本当に考えた未来にワープするんだ！」というのがディケンズ・プロセスというワークです。過去の記憶は、自分で書き換えられるんだというモチベーションを上げる。これは一人ひとりのクリアリングの話なんだけど、結局、過去は全部その人の記憶、DNA、素粒子の中にしか残ってないから、一人ひとりの記憶は、身体である無意識と顕在意識と、その人に影響を与える集合意識への癒やしを行っていけば癒やされる。それが解釈を変える、その人の過去の記憶を書き換えるということです。解釈を変えただけで、もう脳の配線は変わるから。

山﨑 解釈を変えて、記憶の書きかえをやっていく。

小熊 そうすると、脳のシナプス自体が、最初絡まっていたのがヒュンとなくなるという状態になり、ヒュンヒュンと脳の中も正常回復というか、恐怖心とか、怒り、恨みというところに紐づいていたシナプスの配線を張り替えられる。その作業で癒やされ、クリアリングされる。

●記憶の書き換えは誘導瞑想で行う

山崎　記憶の書き換えは、どのようにやっているんですか？

小熊　誘導瞑想です。それは拓巳さんもご存じの目を閉じて瞑想を行うことが一番です。それも配線の書き換えだから、高速でできる。

山崎　本当に誘導瞑想が速いよね。

小熊　マインドフルネス的な瞑想とか超越瞑想でやっていたら全然追いつかないから、誘導瞑想で、でっかい消しゴムでゴシゴシ消すみたいな感じです。

山﨑　面白いね。では、「私、タイムウェーバーを受けてみようと思うんです。小熊さんも使っていますよね。どう思います？」という人がいたらどう答えますか？

小熊　「ぜひ、やってみてください」と言います。

山﨑　「そんなにいいんですか？　どういいのですか？」と言われたら？

小熊　「願望を全部今、実現できていますか？　できていないんだったとしたら、全部が叶いますよ。やってみてください」と言います。

山崎　要するに、クリアリングが必要なんだね。願望は、「大きい家を建てたい」と思っている。でも、その「大きい家を建てたい」と思っている部分が、「○○ちゃんに評価されたい」とか「社会的に上に行きたい」とか、ちょっと複雑化したところから出ている場合、そっちの方が叶っちゃうものね。

小熊　それなんです。だから私は、ひたすら純度を高めて、ひたすら自分もクリアリングしています。だって私が自らがそんなことになっていたらダメなので、一時は引きこもって、ずっと自分のクリアリングをしていました。

山崎　自分がクリアになっていれば、それも伝播していくし、願望を強く思えば思うほど、願望が叶うのではなくて、なぜこの願望を持ったかが叶ってしまう。タイムウェーバーでもそっちが叶うということだね。

小熊　そう、本音しか叶わないんです。結局は集合意識であるし、ゼロポイントフィールド自体というのは筒抜けでダダ洩れだから、結局、二重構造で本音と建前があったら、両方が打ち上がって、それが拮抗して叶わない。それは引き寄せで有名なあのエイブラハム・ヒックスもすごくわかりやすく説明してくれています。なので、それをしないようにしている。私はそれを「うなぎステーキ事件」と呼んで説明しています。

山﨑　どういうこと？

小熊　小さい子が「ママ、うなぎ食べたい」と言うから、お店で「うなぎお願いします」と注文したら、「ママ、ごめん。ステーキのほうが食べたかったかも。今、テレビでステーキ見たら、すごくおいしそう！」「えー、もう注文しちゃったよ」「でも、ステーキがいい」「すみません、うなぎはキャンセルで、ステーキお願いします」とやっている。そして、その状態が延々と続く。どういうことかというと、「彼が欲しい。だけど、彼に裏切られたら怖いかもしれない。だから彼はやっぱりいらないかも。私は女の子の友達だけでいいわ」みたいなやつです。これは、お金に関してもの同じで、「〇〇円引き寄せたい。でも、もしかしたら騙されるかもしれない。私、やっぱりお金なんて要らないわ。お金がなくたって、こんなにすてきな仲間がいるんだったら、それだけでいい」、みたいなやつですね。そうやって葛藤する願いごとを、人は6万回、7万回と対話を続けながら、ずっと試行錯誤しているわけです。だからそこで、どんどん打ち消し合って、願望が全部キャンセルになってしまう状態、オフセットされる状態にならないようにするには、結局はパイプスルーするしかない。

山﨑　深い話だね。だけど、誰にも起きている日常の話だね。

小熊　事件はすべて日常で起きております。

●クリアリングを超えたところにあるものとは？

山﨑　クリアリングをすることに時間をかけているとおっしゃったけれど、それはやっぱり瞑想？

小熊　瞑想もやりましたけど、私の場合は、自分で自分のことを癒やしきれないときは、やはりクリステルさんからと自分で行うタイムウェーバーと、あと、スピテックさんのほうに1台タイムウェーバーを置いてもらって、彼らに私のレベルウェーブもかけてもらう。それで自分の無意識下のパンチ君たちを抹消していきましたね。

山﨑　これを延々とやっていたんだ。

小熊　延々やっていました。

山﨑　無意識下のクリアリングが重要だよね。「いや、私はすっかり望んでいますから」と表面でツルンとしていても、中はグチャグチャだったりするものね。

小熊　でも、それはしようがない。だって集合意識の過去が、この地球ランドの上では弱肉強食という名のもと、ずっと殺戮が繰り返されているわけです。今でもご飯を食べるときには、命をもらわなければいけない。王道學を説かれている徳山《とくやま》暉純《きじゅん》先生が、「牛の恨みでアメリカは絶対に上がれないんだ」みたいなことを言っていたので、「ああ、そうだ。食べ物にも感謝しなくちゃ」と思って、食べ物とか、そういうのまでも全部一緒に学んでもらっています。うちの講座自体が、ある意味、宇宙の仕組み自体をちゃんと理解してもらって完全なるクリアリングをして、そしてタイムウェーバーという感じです。

山﨑　複雑化しているものにタイムウェーバーをかけたら、複雑がそのまま行くものね。なので、深層意識レベルのクリアリングをして、パイプがもうツルツルのキラキラ状態になって、ストーンと入って、本当のその人ご自身の願望が叶っていくということだね。

小熊　でも、そこまでクリアリングしていくと、何が起きるかというと、もはやその人の願望でもない感じに見える。

山﨑　それはどういう意味？

小熊　本当に純度が高くなってくると、内神様的なきれいな魂ちゃんが出てくるので、すごく感動する。その人の願望みたいなペランペランなものがなくなって、自分の魂のこの価値を使ってライトワーカーになって、地球を照らしたいみたいなところに行きます。もともと魂が次元上昇してワープしていくのを狙ってこの地球に降りてきているからだと思うんだけど、それがすごく顕在化してくるから、願望実現、私利私欲みたいなものがなくなる。結局、「私、愛されていたんだ」「こんなに地球さんに大切にされていたんだ」「こんなに宇宙に可愛いがってもらっていたんだ」「私って神様と同じ尊い存在だったんだ」ということがわかったら、「モテたい」みたいなものはなくなる。ただ金儲けしたいもなくなって、すごくきれいです。

●宇宙の法則を理解すると素直になれる

山﨑　なるほど。面白いね。どうですか、多美枝さん。

宮田　弥生先生のお話が聞けて、私は自分の中で納得したことがありました。タイムウェーバーを取り扱う前、私はクリアリングメソッドを提唱していたんですね。それを私のワークスタイルにしていたんですが、タイムウェーバーをはじめたら、結果につながりやすい人と、つながりにくい人の差がすごい。どうしてだろうとずっと思っていて、昔からのクライアントさんは、すぐに結果がバンバン出たので、私とつき合いが長くて、私と共鳴している部分があるから、結果につながりやすいのかなと思っていたんです。でも、今の弥生先生のお話を聞いて、クリアリングをやったから結果が速かったんだなと気づけた。弥生先生、ありがとうございました。

山﨑　なるほどね。汚れた髪の上にトリートメントをしているようなものだものね（笑）。それを一回きれいに洗髪して、そしてタイムウェーバーをかけるとチュルチュルの髪になるということだよね。阪本さんは、タイムウェーバー・オペレーターとしていかがですか。

阪本　（以下、――）

僕も最初のセッションでは、タイムウェーバーでも絶対に浄化をするんです。そこができてないと、「この人は多分、何をやってもダメだな」という状態のままになる。それがさっき弥生先生がおっしゃっていたみたいに、ダメな状態の願望を打ち上げているので、それがそのまま返ってくるという状況だと思うんです。上手くいく人と、いかない人の違いは、最初の素直さというところが一番のポイントですかね。

山﨑 いかがでしょう、弥生さん。

小熊 素直じゃない人も、宇宙の法則の仕組みが理解できれば、モチベーションが湧くので、素直になるだけです。最初はその人がすごく頑固だったとしても、それはそれでフォトン密度が濃いということなので、むしろ逆に、その人はその頑固さがあるから、頑固なフォトンにまみれて苦しんでいるだけだから、その仕組みが「俺だったんだ」ということさえわかれば、すぐに本当にころっと変わります。だからそれが問題ということは全然ないです。最初から素直であるべきということもないと思います。

山﨑　なるほど、宇宙の法則がわかることが重要。

小熊　そうですね。それがわかりさえすればモチベーションが湧くので。素直になる理由がわかれば、「自分のこの苦しみは俺がつくっていたんだ」というのさえわかればいい。

山﨑　すごいわ。痺れる。宇宙の法則を勉強しに、弥生さんのところに通いたい（笑）。

——タイムウェーバーとか、弥生先生のメソッドでもそうなんですが、自分自身が素直になったり、願望実現していく上で、一見ネガティブなことが起きても、それは解釈次第で、絶対プラスですよねというところに、最終的に落ちつく感じですかね。

小熊　そうですね。今、〝予兆〟という言い方が流行っているから、予兆で皆さんに伝えています。あと、YouTubeの「朝ライブ」でも伝えていますが、結局は過去の自分の思考が今の現実になっているだけだということさえわかれば、今つらいことが起きたのは、過去に怖い映画を見たときに、「こんなのが起きたらどうしよう」とか、コロナ禍の時期はメディアでコロナの番組を見て、「やだ、コロナにかかったらどうしよう」とか、思いませんでしたか。「それが戻ってきているだけです。ウフフ」

という感じですね。そうすれば、「打ち上げたのは俺か」となるので、それで「じゃ、打ちかえせ」という感じですね。

――結局、気づくためにそれを自ら起こしているということですね。

●人間タイムウェーバー弥生

小熊　昔、地球の波動が低かったころは、魂のレベルの上げ方は修行しかなかった。修行時代は、神とつながれるまでに波動を上げる人は、地球上ではイエス・キリストからスタートして、牧師さんや巫女さん、霊能者がつながれるとか、だんだんそういうふうになっていきました。もちろん、誰が神とつながるかということによって宗教戦争が起きたし、地球の歴史は本当にそんな感じなわけです。だけど今は、もう次元が上がる手前に来ていて、地球の波動がこれだけ上がっているから、誰でもつながれるの。「ザ・宇宙インターネットつながり放題」という時代が来ているので、ある意味、魂の覚醒がめっちゃラクにヒュンヒュンできる。けれども、土の時代の成功を味わっちゃった人は、それが自分のDNAの記憶にあるから、手放したくないと思う。そこをいかに宇宙の法則で理解してもらうか。その人の成功の裏側に、「こんなことなかったですか。あんなことなかったですか」という嫌だった体験も、「そうか、俺の複雑な構造によって、それらがあったのか」と腑に落ちる。モチベーションは結局、痛みを避ける、快楽を得るという2つしかないから、それが痛みしかつくらないということさえわかれば、そして、それが今の苦しさをもたらしているのだとわかれば、素直に外れるのです。クリアリングしていけるね、パイプスルーできるねとなります。

山崎　すばらしい。めちゃ勉強になる。弥生さん、やっぱりすごいな。

――　人間タイムウェーバーという感じなのかなという気が本当にしますね。開発者のマーカスも、やっぱり自分自身のタイムウェーバーを起動させる教材の1つという位置付けに、タイムウェーバーがあるみたいなんです。

山崎　「人間タイムウェーバー弥生」だね。

――　まさにそうだなと思いながら聞いていました。

山崎　あっぱれだな。弥生さん、またなんかすごくなっているね。桁が違うな。弥生さん、近々、お茶に行きましょう（笑）。

小熊　ありがとうございます。

――個人的な感想としては、タイムウェーバーよりも弥生さんがすごいというところが一番な気がします。

山﨑　そのすごい弥生さんが、上手にタイムウェーバーを使っているというのがいいと思う。

――僕はよくタイムウェーバーを船に例えます。いい風が吹いても、帆を張っていなければ先に進まないという話をするんですけど、弥生先生は、もともと帆をバリバリに張っているので、タイムウェーバーの追い風をめちゃくちゃ受けられて、遠くに行ける人はすごく遠くに行けるということが起きているんだなと思いますね。だから、タイムウェーバーよりすごいと思います。

山﨑　本当にすごい。

小熊　ありがとうございます。でも、タイムウェーバーがなかったら、私は自分のクリアリングをこんなに加速してできなかったですよ。私は本当にヤバいコンプレックスの塊でしたからね。タイムウェーバーのおかげです。

山﨑　物の見え方が大きく変わった？

小熊　もう全然。全部がスケルトンみたいに見えますね。

山﨑　めっちゃすてき。弥生さん、ありがとうね。

小熊　こちらこそ、皆、拓巳さんとお近づきになれると、すごい波動が上がるし、幸せなことだと思って喜んでいらっしゃいます。そういう喜びを皆さんに与えてくださって、本当にありがとうございます。

山﨑　ありがとうございます。お時間、どうもありがとうございました。

宮田　弥生先生、貴重なお時間とお話を、ありがとうございました。

第4章

タイムウェーバーで変容した人たち

対談の中でも、タイムウェーバーがどんな働きをするかについてを私の体験からお話ししていますが、ここでは、私がこれまで扱ったさまざまなケースの中から、いくつかユニークな参考例をご紹介しておきましょう。

●ケース①——難航していた離婚問題が望んだ形で決着（30代男性・実業家）

そのクライアントさんが私のセッションに申し込まれた時は、離婚調停中でした。

そもそも、離婚話は奥様の事情により持ち上がったらしいのですが、調停がはじまってから、財産分与の問題で揉めていたようです。

クライアントさんいわく、奥様が彼の経営されている会社の役員になっていることから、財産分与による支払いが数千万円になってしまい、少しでも金銭的負担を減らせないかというご相談だったのです。

まず、私の方では何回かセッションを通して彼のメンタル的な部分や、ご先祖やお子さん、ご家族といった周りとの関わりなどのエネルギー調整をしていきました。

すると、彼の心にも少しずつ変化が訪れていたようです。

数回目のセッションの時に、彼は「やはり金銭的な負担の問題よりも、子どものことを優先するべきですね。支払いのことは仕方がないかもしれません」とお金を支払う覚悟を決めたのです。

すると、その翌日に、彼のもとへ奥様から連絡があり、「財産分与は数千万円の予定だったけれど、数百万円の支払いでいいです」と申し出があり、まさに彼が最初に望んだ形で落ち着いたのです。

ちなみに、このクライアントさんは、もともと家族に対するトラウマやネガティブな思い込みがあったようで、セッションを通して、彼がご自身の理想の家族像を奥様や家族に押し付けていたことに気づいたのです。

私も当初は彼が望むように「離婚ができますように」という調整をしたのですが、次第に、何かが違う気がすると思いはじめて、メンタル的な部分や、ご先祖やお子さん、ご家族といった周りとの関わりなどのエネルギー調整の方を多めに行うようにしたのです。

このケースは、クライアントさんが直面している問題を対処しようとすることよりも、本人の人生でフォーカスすべき問題を見つけて、そこに調整ができれば、すべてのことがスルスルと進んでいくことがわかったケースでした。

●ケース②――
〝失う〟恐怖を乗り越えて、無事に理想の相手と出会い結婚
（30代女性・会社員）

38歳の独身女性のクライアントさんは婚活中でした。

これまで、お見合い、結婚相談所、出会い系アプリなどに数々挑戦するも、結婚どころか彼氏すら出来ずに10年以上経っているとのことで、なんとか婚活を成功させたいとのことでした。

彼女は見た目も可愛らしく、話した限りでは性格も良い女性で、「いったいなぜ、彼女にいいお相手がいないのかしら？」と思うほどの方でした。

お話を聞くと、もともと婦人科系の持病があるけれど、将来的には子どもも欲しい、という望みもお持ちの方でした。

早速、調整をはじめたところ、彼女の亡くなった母親との関係性に不調和なエネルギーがあることがわかってきました。

また、彼女は母親が亡くなって以降、10数年あまりも彼氏がいないことや、母親への看病も頑張っていたことから、母親を失った喪失感や悲しみの感情が未消化であったことも見えてきました。

つまり、結婚したい、子どもも欲しい、という思いよりも、それらを手にした後に失うことへの恐怖があったのです。

このようなケースの場合は、今生のエネルギーだけでなく、過去生のエネルギーも要因にあることから、それらに対して調整をして行きました。

また、お相手を探すための具体的な行動としては、やはり、アプリで探す方法がよさそうという結果が出たのですが本人に強い抵抗があり、なかなか行動に至らなかったのです。

しかし、3回目のセッションの後くらいから、「登録だけはしてみた」というところからはじまり、少しずつご自身でも行動を起こせるようになってきたのです。

そして、気づけば半年でアプリを通じて理想の彼氏と出会い、出会ってから3か月で婚約し、さらにそこから半年でご結婚をされて幸せになられました。

●ケース③——ネガティブな思い込みを解消して健康になり、ビジネスも上昇気流に（40代女性・会社役員）

その女性のクライアントさんは、胃に悪性腫瘍があるという疑いで、病院から細胞検査の結果待ちの状態のタイミングで私のもとへいらっしゃいました。

詳しい症状をお聞きすると、腫瘍は大きさや形状から悪性である疑いが強いとのことでした。ご本人は、手術を受けるにあたって、また、術後のことなどを心配されてセッションにいらっしゃったのです。

彼女いわく、自身の家系には癌になる人も多かったようで、自分もいつかは癌になるのではという覚悟はしていたとのこと。

そこでまず、初めてのセッションにおいては、身体へのヒーリングだけでなく、ネガティブな遺伝的要因の解消や、病気に対するトラウマやネガティブな思い込みの解消の調整をしていきました。

すると、そこから1週間くらいして、彼女から腫瘍の細胞検査の結果は良性だったというなうれしい報告があったのです。

私はその結果にほっとしたものの、気になっていたのは、彼女が「自分もいつか癌になる覚悟はしていた」と、おっしゃっていたことです。

このままではいけないと思い、他にもネガティブな思い込みがあるのではないか、というヒアリングを行っていきました。

そこから、彼女が抱えていた仕事やお金に対するネガティブな思い込みを解消しながら、本当に自分が望んでいることを明確にしていきました。

するとその後、彼女の仕事の内容も、それまでは雇用される側だった立場から、今度は人を雇用する側へと変化していきました。

今では、すっかり元気になり、イキイキと忙しく働きながら、今度はビジネスのご相談でセッションにいらっしゃっています。

●ケース④――新しい飛躍のプロセスにおいて、膿を出すことも必要（60代男性・経営者）

ある会社を経営されていた60代の男性は、ご自身が経営する会社のご相談でいらっしゃいました。

彼は、コロナ禍で影響を受けてしまった業績も少しずつ解消しはじめたことから、来期の目標の数字を上げていきたいというご相談でした。


そこで、まずは彼の目標に対する改善点や意識するといいことなどをお伝えしながら調整をかけて、1回目のセッションを終えました。

すると、その翌日、彼からあわてた様子で連絡が入ってきました。

なんと、彼が長年信用して経理を任せていた経理担当が資金を横領していたことが発覚したとのこと。

彼は前日に初めてタイムウェーバーのセッションを行ったばかりだったことから、そのことが何か影響をしたのではないか？　と心配になって連絡を入れてきたのです。

そこで私は、今、起きていることも、すべては良い方向へ向かうために起きているということを伝えると同時に、もし、進むべき方向性が正しいなら、きっと良い結果が得られるはずなので、ポジティブな気持ちを心がけてほしい、とご説明しました。

するとその翌週、新しい経理担当が見つかると、さらに、社会保険労務士の資格もある優秀なスタッフも見つかったとのこと。

そして、数ヶ月後には新しいプロジェクトの話が持ち上がると、新たに採用したスタッフの資格がとても助けになったことも教えてくださいました。

このケースにおいて、彼が定めた新たな目標をクリアするためには、きっとどこかで、まずは、長年働いていたスタッフの横領が発覚する必要があったのです。

それは残念なことではあるのですが、ここの部分が明らかにならなければ、彼は次のステップに移行できなかったのです。

そんな彼はその後、その時に掲げた目標を大きく達成してクリアすると、今ではさらに高みに向かった目標へと邁進されています。

●ケース⑤――体調不良も改善し、念願の出産も叶った！（40代女性・主婦）

その女性は10年来の不妊治療による体調不良を何とかしたいとのことで、セッションにいらっしゃいました。彼女のお話を聞くと、自身の不調に対して病院に行っても特に病名はないようで、いわゆる原因不明の不定愁訴のような状態が続いているとのことでした。

そこで、そんな彼女に対して、まずは不調の原因を探るべくセッションを行っていきました。

すると、4〜5回目のセッションを終えた頃になると、だんだんと私が見ても彼女の体調もよくなってきたのがわかるほど元気になってきたのです。

そして、そんな彼女から「凍結している受精卵をダメもとで戻してみたい」、という提案があり、彼女はそれを実行されたのです。

すると、その時の彼女の〝ダメもと〟という気軽な気持ちがよかったのか、もしくは、不調が改善したからか、その後しばらくして、無事に妊娠されることになったのです。

現在の彼女はすっかり元気になり、子育てにお忙しくされる日々を送っていらっしゃいます。

●こんなこともできる！　タイムウェーバー

その他にも、タイムウェーバーでは家族や人間関係の問題の解消、遺産相続問題、そして、ビジネス面では売り上げ目標の達成などをはじめ、次のようなことにも効果があったという実績が上がっています。

●クライアントさんの亡くなった父親からのメッセージが届き、その内容がご本人には重要な内容だった。
●ペットの調整ができたり、ペットの気持ちを理解することができたりする。
●自身の所有する賃貸用の不動産が土地や風水を調整することで満室になった。
●所有している土地の風水を調整したことで、大企業から購入したいというオファーが入った。

●なくしていた大切なものが見つかった。
●入手困難な人気のアーティストのコンサートのチケットが当選した。
●入手困難であきらめていたあるブランドの限定商品が買えた。
●予期せぬところから臨時収入が入った。
●不登校だった子どもが学校へ行くようになった。
●経営している自身の店舗がテレビに取り上げられて人気になった。

第5章

ボクとタイムウェーバー

by
山崎拓巳

●拓巳式〝大人のおみくじ〟の扱い方

ボクにとってのタイムウェーバーは「大人のおみくじ」なんです。

多種多様なる価値観が存在し、信じられないスピードで世の中が変化している今、目の前には数えきれない選択肢が存在しているとも言い換えることができると思います。

しかし、そうすると、次のような疑問が出てくるのです。

「さて、何を選択すればいいのか？」

「何をどんな価値観で捉えたらいいのか？」

そんなふうに迷いはじめたら、きりがありません。

そんなボクが手に入れた頼れる武器がタイムウェーバーなのです。

なにしろ面白がっています。

「なんで、そんなアドバイスを？」「ボクの会話、聞いてる？　ボクの心を読んでる？」「ちょっと意外すぎて怖い〜〜〜」など、タイムウェーバーの答えは、驚きの連続です。

もっと言えば、驚きのアドバイスが出てこないと物足りなく感じるほど楽しいのです。

フワッと浮かんできたアイデアも、「これ、タイムウェーバー的には、なんて答えてくるかな？」と試したくなります。

他にも、「〝○○があるから上手くいく〟って入れてみて！」「〝○○を中心に活動することで大きな成果が出る〟って入れたら？」など、どう質問することでタイムウェーバーがどう答えてくるのかを検証しては自分の曖昧な心を決断に導いたりしています。

また、願掛け的に頼っている部分もあります。「これ、良くなるようにお願いします」「ちょっと強めにかけて欲しい」などと、おねだりしてしまいます。

妄信的に信じているわけではないのですが、「大人のおみくじ」として「大人の絵馬」的なおまじないとしてチカラを借りています。

よく社長さんのお部屋なんかにお邪魔すると、部屋の片隅に七福神が飾られていたりしますね。「商売繁盛」「大入り」「開運大吉」「家内安全」などのお札が刺された熊手もあったりします。こういった願掛けは、普通の人々よりも意外にも経営者さんたちの方が熱心であることをご存知の方も多いと思います。また、神社巡りやパワースポット巡りが好きな社長さんも多いのです。

人間として自分が頑張る領域と、神様の領域があるならば、「自分が頑張る方はやらせていただきますので、神様の領域は、ぜひよろしくお願いします！」っていう気持ちになるのです。

現実は自分と神様のコラボレーション、共同創造により創られているといつの間にか信じるようになっているボクとしては、タイムウェーバーのチカラも借りたい。そう思うわけです。

さて、タイムウェーバーの使い方を考えたとき、使う人たちのタイプによってもそれは異なると思うのです。

例えば、神社にお参りをするときも「神様、助けてください！」と願うタイプの人もいれば、「頑張りますので見ていてください！」とコミットメントをしに神社に行く人もいます。

もはや、エゴを超えた究極なタイプなら、「神様、私をお使いください」と願う人もいるわけです。

●チャレンジしない「神様、助けてください！」タイプ

まず、「神様、助けてください！」と願うタイプは、「人生とは自分に起きていること」と捉えているのではないかと思います。

もし、そうであるならば、人生の主導権は自分にはないことになります。

なぜなら、いいことが起きるといい人生。悪いことが起きると悪い人生、となるからです。

このタイプは、自分に起きていることと他人に起きていることをいつも比べ

ては、「いいな〜！　あの人たちばっかりいいことあって……」と妬んだり、「やった！　自分だけ得した！」と悪戯に有頂天になったりしてしまいます。

そんな彼らに対して、人生の経験者は「塞翁《さいおう》が馬」の話をして諭そうとするでしょう。

「いいことが次のわざわいを呼んだり、一見悪いことが次の好機を導いてくれるのだから、悪戯に喜んだり、塞ぎ込んだりせず、謙虚に生きなさい。精進しなさい」と語ります。

でも、起きていることが人生だと思っている人にとって、チャレンジはあえて選択したくないものなのです。

やはり、チャレンジすると嫌なことがたくさん起きるからです。

本来はトライアンドエラーを繰り返し、上手くいく法則を燻《いぶ》しだし、おぼろげな中にも確固たる光を見つけ、人生の物語を次に進めていくべきですが、彼らは失敗を恐れ、気がつくと批評家になっていたりするのです。

でも、そんな彼らにも成功する方法はあります。

それは、すでに目標や夢を持っている人をサポートするというやり方です。

応援団としてならば、矢面に立つことなく、活躍する場所を手に入れることができます。

●コミットメントする「神様、頑張るので見てて！」タイプ

次に、「頑張るので見ててください！」とコミットメントをしに神社に行く人は、チャレンジャーです。彼らは、「押してもダメなら、引いてみな」とチャレンジにチャレンジを重ね、果敢にゴールへ向かっていく人々です。

このタイプが気をつけておきたいのは「やりたくてはじめた」のに、気がつくと「やらなければならない」となってしまうことです。

そうなってしまうと、もし、自分の心のケアを怠り、そのまま突き進んでしまうなら途中で息絶えてしまいます。基本的に、成功するノウハウと成功し続けるノウハウは違うのです。

では、どうやってこのタイプの人たちをケアすればいいのか？

それは、「なぜ、はじめたのか？」とか「頑張った末には、何が待っているのか？」などを思い出すことです。

そうすることで、初心の〝やりたい〟という気持ちに戻れるはずです。

また、このタイプは、チャレンジしない人々に対して、「もっと人生にチャレンジを！」と迫ってしまう傾向があります。

でも、彼らはチャレンジを好まない人たちなのです。

だから、彼らに「チカラを貸して欲しい」とサポートを乞うことで、彼らの活躍できる場所を提供することも1つの方法です。

●執着から解き放たれ、身をゆだねる「神様、私をお使いください」タイプ

最後に、「神様、私をお使いください」と願う人々は「この世の理」に身をゆだね、流れに乗っていくタイプです。このタイプは、「この世は、自分という筒を通して写し出される映し絵である」と信じている人たちです。

そんな彼らは、人間が本来持つおだやかさに触れ、脳波でいうところのα《アルファ》波やθ《シータ》波をまとい、美しい心の状態をキープできている人たちなのでしょう。

心がおだやかになれると、ＩＱも高くなります。

一方で、心が乱れた苦しみの状態（β《ベータ》波やγ《ガンマ》波）になるとＩＱは低くなることから、「海水がヒザぐらいまでしかないのに溺れかけた」とか「急いで家を飛び出したら、テレビのリモコンだけを握りしめていた」みたいなことになるわけです。

願いの意図を持ってはいるものの、いかなるときも執着を手放し、おだやかなる状態をキープできれば、脳の「ＲＡＳ（Reticular Activating System; 脳幹網様体賦活系）」という機能が働き、物事は具現化できるようになります。

「妊婦になると町中、妊婦が歩きはじめる」「欲しい車種の車があると、同じ車があちこちで走りはじめる」などという体験をしたことがある人もいると思いますが、ＲＡＳ（ラス）とは、「自分の興味や関心のある情報とそれ以外の情報を取捨選択し、必要な情報のみを脳にインプットするフィルターのような働きをする機能」のことです。

いわば、脳のアンテナの嗜好性みたいなものです。

●タイムウェーバーの使い方は、人それぞれでいい

以上のように、3つの段階別のタイプについて書き記してきましたが、それぞれのタイプによって、タイムウェーバーの使い方も違ってくるはずです。

願いごとをただただお願いする人もいれば、どんな努力の方向が目標や夢の実現に違いを生みだすのかを検証する人もいるでしょう。

また、自分の心の状態が現実に反映していると信じる人は、そのためにタイムウェーバーを使うでしょう。

タイムウェーバーを人間の能力の機能拡張の1つだと考えるのなら、それを取り入れることでその効果効能を享受する人もいると思うし、頼ることでプラシーボ効果を得ることもできるのではないかと思っています。

どのような形にしろ、ボクたちに影響を与えてくれるタイムウェーバーですが、最後に、「影響力」ということについて素敵な言葉をご紹介しておきましょう。

「自分が自分に与えた影響以上に、他者に影響を及ぼすことはできない」

自分が自分を変化させられるのなら、その範囲で他者も変化させることができる。自分が自分を動かすことができるなら、その範囲で他者に行動力を与えることができる。

ボクは、このようにこの言葉を解釈しています。

だから、人生を変えたいなら、まずはあなたを変えてみてください。

人生を素晴しくしたいなら、あなたを素晴らしくしてください。

タイムウェーバーがそんなことを願う人たちの力添えになるなら、こんなにうれしいことはありません。

おわりに

タイムウェーバーについて、その魅力を語り尽くした『願望激速！　タイムウェーバー』はいかがでしたでしょうか？

タイムウェーバーをまだご存じでない方には、「そんなことまでわかるんだ！」とか、「タイムウェーバーって、何がどんな仕組みになっていて、そんなことができるの？」などという疑問を持たれた人もいるかもしれません。

また、すでにこれまでタイムウェーバーを体験されたことがある方は、「そんな使い方もあったんだ！」「今度は、こんなことを聞いてみたい！」などという感想を持たれたかもしれませんね。

この私でさえも、タイムウェーバーを扱えば扱うほどに、その未知なる奥深さを日々実感しているくらいですから。


さて、そんな私ですが、今、振り返ってみると、私とタイムウェーバーの出会いは、まさに運命的だったとしかいいようがありません。

今から3年前の2020年12月4日、私は人生一大事とも呼べるほどの大きな手術のために入院していたのですが、その時も悲観することなく、未来へ向けて前向きな感謝の気持ちに満たされていました。


それは、なぜでしょうか？

人生のパートナーとも言うべきタイムウェーバーと出会ったことで、タイムウェーバーの導きにより（もちろん、タイムウェーバーだけのお陰ではないですが)、本来予定していた手術範囲をはるかに小さくすることができたからです。

また、同時に次の大きなお仕事が決まっていたことも、入院中の私にとっては大きな心の支えになっていました。

すでにお伝えしたように、私はコロナ禍の真っ最中だった2020年にタイムウェーバーと出会い、その後、2021年5月にはタイムウェーバーが手元にやってきました。

そして、2021年10月には山﨑拓巳さんのアドバイスで本格的にタイムウェーバー・セラピストとして始動してから現在まで、700人以上のクライアントさんの大きな変化を目の当たりにしながら、私自身も多くの感動を体験させていただいています。

また、タイムウェーバーと共に歩むことで、私も人生の大きな転換期を幾度と迎え、今では想像をはるかに超える人生の流れの中で過ごす日々を送っています。

たとえ一見、不幸な出来事に遭遇したとしても、「ピンチはチャンス！」という言葉通り、すべてが自分の望んだ通りになっているのです。

正直に申し上げると、最初はもともとヒーリングやチャネリングを主に行ってきた私だったので、タイムウェーバーを使用することに対して、「機械に頼るなんて……」というような複雑な気持ちもありました。

でも、やはりそこは「風の時代」です。

風の時代らしく、より柔軟な気持ちですべてを受け入れていこうと決めた時から、すべてが動き出したように思います。

考えてみれば、私がお伝えしているオリジナルメソッド、「ノアワーク（Noa Work）」も言うならば、量子の世界と切っても切り離せない考え方のメソッドなのです。

これも、私の根底には、「目に見えない世界を少しでも目に見える形で伝えていきたい！」という思いが常にどこかにあることから、私が自然とタイムウェーバーに引き寄せられたのではないかと感じています。

そして、これまでの私のスピリチュアルの世界における歩みもまた、タイムウェーバーのセラピストとしてのお仕事にも生かされ、多くの結果につなげられていると自負しています。

今回、本書を出版する機会をいただいた当初は、「量子の世界とスピリチュアリティの関係」を説く本を予定しており、タイムウェーバーはその内容の一部のみとしてご紹介させていただく予定でしたが、作業を進行するほどに、「もっと多くの人に、まずはタイムウェーバーのことを知っていただきたい！」「きっとタイムウェーバーで多くの人たちが救われるはず」、と考えるようになり、このようなスタイルの書籍となったことをお伝えしておきます。


今、何かに悩んでいる人へ。

もっと幸せになりたい人へ。

本書を読んでタイムウェーバーにご興味を持たれた方は、ぜひ、タイムウェーバーを体験してみてください。

きっと、あなたの想像を超える未来がタイムウェーバーによってもたらされるはずです。


最後に、この本の出版を実現してくださった私のメンターである山﨑拓巳さん、ヒカルランドの石井社長、アドバイザーの阪本直樹さん、対談を快く引き受けてくださった弥生先生、編集のKay Houseさん、いつもサポートしてくれる当社のスタッフ、友人たちへ感謝の気持ちとお礼を申し上げます。

――旅先のＮＹ・マンハッタンにて　Ｔａｍｙ

著者プロフィール

山﨑拓巳　Takumi Yamazaki

1965年三重県生まれ。広島大学教育学部中退。20歳で起業。22歳で「有限会社たく」を設立。現在は多岐にわたる事業を同時進行して展開中。現在までに60数冊の書籍を出版した累計200万部のベストセラー作家。主な著書に『やる気のスイッチ!』、『人生のプロジェクト』(サンクチュアリ出版)『スゴイ! 話し方』(かんき出版) など多数。著作は日本のみならずアメリカ、香港、台湾、韓国、中国ほか、海外でも広く翻訳出版されている。講演活動の他、「凄いことはアッサリ起きる」－夢－実現プロデューサーとしてメンタルマネジメント、コミュニケーション術、リーダーシップ論などを多ジャンルにわたり展開。また、アーティストとしての活躍の場も拡げ、国内海外にて絵画展、Tシャツやバッグなどの制作にも携わる。最近では、映画出演 (『少女椿』)、作詞家活動 (ムッシュDとのコラボ)、飲食店オーナー等 (タクメン@NY)、あらゆる可能性にチャレンジを続け、今後更なる活躍が期待されている。

宮田多美枝　Tamie Miyata/Tamy

タイムウェーバー・セラピストとして700人以上のクライアントのセッションを行う。また、エステティック・ヒーリングサロン「SHRINE/ALOHILANI」代表兼クリアリングマイスター、ビューティーチャネラーとして外側と内側からの美の融合を探求し、「人間の真の美しさ」を提供する。これまでハワイにおいてセミナーを約40回以上開催し、女神ペレ様とつながりながらクリアリングの大切さやペレ様のメッセージも伝えている。過去25年間において、約10,000人以上のクライアントを施術し、オリジナルメソッド「ノアワーク」のセミナー受講者は500名以上。人々がより幸せで豊かな人生を送るためのお手伝いに人生を捧げている。著書に『クリアリングの魔法で、おそろしいほど幸せになる! ハワイの火の女神ペレ様から届いた18のメッセージ』『3分間のクリアリングでキレイになる! おうちにいながら大自然とつながるハワイアンペレズメソッド&エクササイズ』(VOICE刊) など。

小熊弥生　Yayoi Oguma

世界平和革命家｜女性起業家育成家｜同時通訳者

20歳で所持金６円、英語力ゼロから３年で同時通訳デビュー。元首相や国連事務総長など、世界の権威3000名以上を同時通訳し、億万長者の脳の使い方をマスター。「地球上の成功法則」と「宇宙の法則」を掛け合わせ、誰もが億万長者になれる「億楽®メソッド」を独自に開発。2020年４月、コロナ禍の家庭に届けるために始めた毎朝６時の「億楽®ライブ（YouTube配信）」は、1346回を超え（2023/12/24現在）、高額セミナー級の有料内容をのべ813万人に無料で提供し、視聴者の人生を好転へと導く。2023年、実質広告費ゼロで12カ月で12億円超え、営業利益率50％を達成。「億楽®マインド講座」をはじめ各講座では、最短１カ月で７桁達成、最高10億円を引き寄せる受講生が後を絶たず、受講生・卒業生の引き寄せ総額は２年半で206億円を超える。地上80億人が無限に豊かで幸せになる“億楽®フロー”で愛を中心とした経済を実現し、日本と世界の貧困撲滅、SDGsの目標達成に向けて尽力中。

▼小熊弥生公式メディアサイト

https://ogumayayoi.com/

願望激速！ タイムウェーバー

量子の力があれば、最速で幸せになれる！

第一刷　2024年4月30日

著者　山﨑拓巳
宮田多美枝

発行人　石井健資
発行所　株式会社ヒカルランド
〒162-0821　東京都新宿区津久戸町3-11　TH1ビル6F
電話　03-6265-0852　ファックス　03-6265-0853
http://www.hikaruland.co.jp　info@hikaruland.co.jp
振替　00180-8-496587
本文・カバー・製本　中央精版印刷株式会社
DTP　株式会社キャップス
編集担当　TakeCO／阪本直樹

ISBN978-4-86742-355-4

自然の中にいるような心地よさと開放感が あなたにキセキを起こします

元氣屋イッテルの１階は、自然の生命活性エネルギーと肉体との交流を目的に創られた、奇跡の杉の空間です。私たちの生活の周りには多くの木材が使われていますが、そのどれもが高温乾燥・薬剤塗布により微生物がいなくなった、本来もっているはずの薬効を封じられているものばかりです。元氣屋イッテルの床、壁などの内装に使用しているのは、すべて45℃のほどよい環境でやさしくじっくり乾燥させた日本の杉材。しかもこの乾燥室さえも木材で作られた特別なものです。水分だけがなくなった杉材の中では、微生物や酵素が生きています。さらに、室内の冷暖房には従来のエアコンとはまったく異なるコンセプトで作られた特製の光冷暖房機を採用しています。この光冷暖は部屋全体に施された漆喰との共鳴反応によって、自然そのもののような心地よさを再現。森林浴をしているような開放感に包まれます。

みらくるな変化を起こす施術やイベントが 自由なあなたへと解放します

ヒカルランドで出版された著者の先生方やご縁のあった先生方のセッションが受けられる、お話が聞けるイベントを不定期開催しています。カラダとココロ、そして魂と向き合い、解放される、かけがえのない時間です。詳細はホームページ、またはメールマガジン、SNSなどでお知らせします。

元氣屋イッテル（神楽坂ヒカルランド　みらくる：癒しと健康）
〒162-0805　東京都新宿区矢来町111番地
地下鉄東西線神楽坂駅２番出口より徒歩２分
TEL：03-5579-8948　メール：info@hikarulandmarket.com
不定休（営業日はホームページをご確認ください）
営業時間11：00～18：00（イベント開催時など、営業時間が変更になる場合があります。）
※ Healing メニューは予約制。事前のお申込みが必要となります。
ホームページ：https://kagurazakamiracle.com/

元氣屋イッテル
（神楽坂ヒカルランド みらくる：癒しと健康）
大好評営業中!!

宇宙の愛をカタチにする出版社　ヒカルランドがプロデュースしたヒーリングサロン、元氣屋イッテルは、宇宙の愛と癒しをカタチにしていくヒーリング☆エンターテインメントの殿堂を目指しています。カラダやココロ、魂が喜ぶ波動ヒーリングの逸品機器が、あなたの毎日をハピハピに！　AWG、音響チェア、タイムウェーバー、フォトンビームなどの他、期間限定でスペシャルなセッションも開催しています。まさに世界にここだけ、宇宙にここだけの場所。ソマチッドも観察でき、カラダの中の宇宙を体感できます！　専門のスタッフがあなたの好奇心に応え、ぴったりのセラピーをご案内します。セラピーをご希望の方は、ホームページからのご予約のほか、メールでinfo@hikarulandmarket.com、またはお電話で03－5579－8948へ、ご希望の施術内容、日時、お名前、お電話番号をお知らせくださいませ。あなたにキセキが起こる場所☆元氣屋イッテルで、みなさまをお待ちしております！

ソマチッド

暗視顕微鏡を使って、自分の体内のソマチッドを観察できます。どれだけいるのか、元気なのか、ぐったりなのか？　その時の自分の体調も見えてきます。

A. ワンみらくる（1回）　1,500円
B. ツーみらくる
（セラピーの前後比較の2回）　3,000円
C. とにかくソマチッド
（ソマチッド観察のみ、波動機器セラピーなしの1回）　3,000円

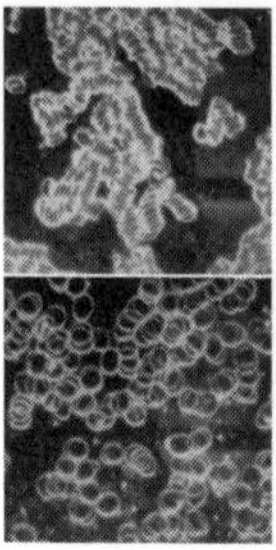

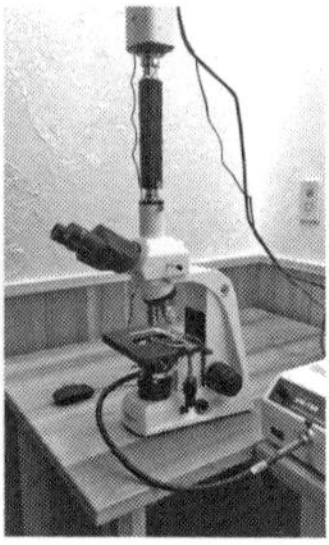

※A、Bは5,000円以上の波動機器セラピーをご利用の方限定

【フォトンビーム×タイムウェーバー】

フォトンビーム開発者である小川陽吉氏によるフォトンビームセミナー動画（約15分）をご覧いただいた後、タイムウェーバーでチャクラのバランスをチェック、またはタイムウェーバーで経絡をチェック致します。

ご自身の気になる所、バランスが崩れている所にビームを3か所照射。

その後タイムウェーバーで照射後のチャクラバランスを再度チェック致します。
※追加の照射：3,000円/1照射につき

ご注意

・ペットボトルのミネラルウォーターをお持ちいただけたらフォトンビームを照射致します。

3照射　18,000円（税込）
所要時間：30～40分

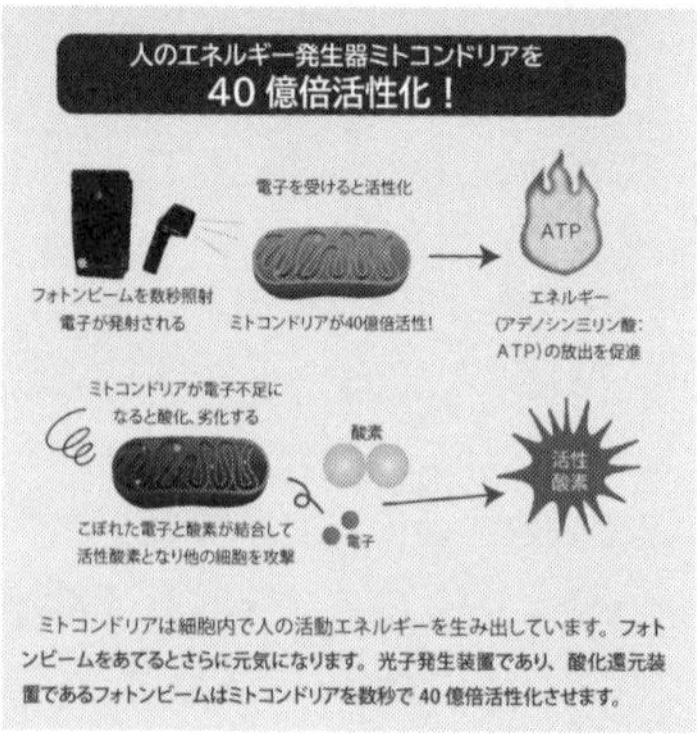
人のエネルギー発生器ミトコンドリアを
40億倍活性化！
電子を受けると活性化
ATP
フォトンビームを数秒照射
電子が発射される
ミトコンドリアが40億倍活性！
エネルギー
（アデノシン三リン酸：ATP）の放出を促進
ミトコンドリアが電子不足になると酸化、劣化する
酸素
活性酸素
こぼれた電子と酸素が結合して活性酸素となり他の細胞を攻撃
電子
ミトコンドリアは細胞内で人の活動エネルギーを生み出しています。フォトンビームをあてるとさらに元気になります。光子発生装置であり、酸化還元装置であるフォトンビームはミトコンドリアを数秒で40億倍活性化させます。

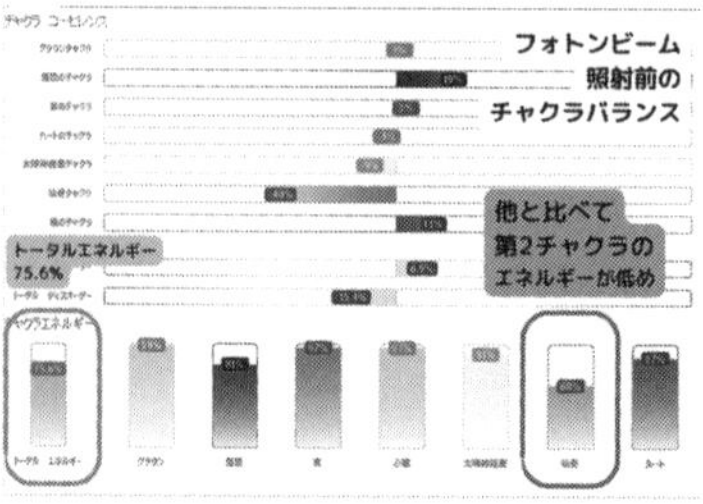
フォトンビーム
照射前の
チャクラバランス
トータルエネルギー
75.6%
他と比べて
第2チャクラの
エネルギーが低め

ハピハピ《ヒーリングアーティスト》宣言！

元氣屋イッテル（神楽坂ヒカルランドみらくる：癒しと健康）では、触覚、聴覚、視覚、嗅（きゅう）覚、味覚の五感を研ぎすませることで、健康なシックスセンスの波動へとあなたを導く、これまでにないホリスティックなセルフヒーリングのサロンを目指しています。ヒーリングは総合芸術です。あなたも一緒にヒーリングアーティストになっていきましょう。

AWG ORIGIN®

電極パットを背中と腰につけて寝るだけ。生体細胞を傷つけない69種類の安全な周波数を体内に流すことで、体内の電子の流れを整え、生命力を高めます。体に蓄積した不要なものを排出して、代謝アップに期待！ 体内のソマチッドが喜びます。

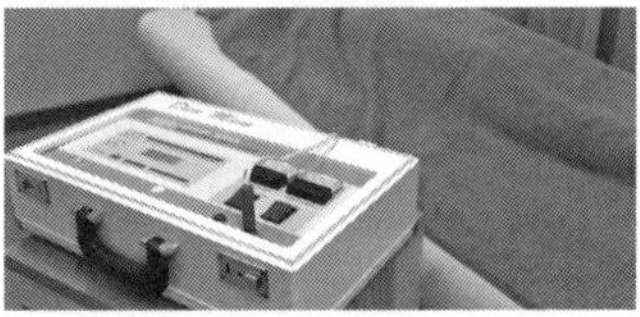

A. 血液ハピハピ&毒素バイバイコース
（60分）8,000円
B. 免疫 POWER UP バリバリコース
（60分）8,000円
C. 血液ハピハピ&毒素バイバイ＋
免疫 POWER UP バリバリコース
（120分）16,000円
D. 脳力解放「ブレインオン」併用コース
（60分）12,000円
E. AWG ORIGIN®プレミアムコース
（9回）55,000円
（60分×9回）各回8,000円

プレミアムメニュー

①血液ハピハピ&毒素バイバイコース
②免疫 POWER UP バリバリコース
③お腹元気コース
④身体中サラサラコース
⑤毒素やっつけコース
⑥老廃物サヨナラコース
⑦⑧⑨スペシャルコース

※２週間～１か月に１度、通っていただくことをおすすめします。

※Ｅはその都度のお支払いもできます。 ※180分／24,000円のコースもあります。
※妊娠中・ペースメーカーをご使用の方にはご案内できません。

音響チェア

音響免疫理論に基づいてつくられた音響チェア。音が脊髄に伝わり体中の水分と共鳴することで、身体はポカポカ、細胞は元気に。心身ともにリラックスします。

A. 自然音Aコース （60分）10,000円
B. 自然音Bコース （60分）10,000円
C. 自然音A＋自然音B（120分）20,000円

お得な複数回チケットも！

3回チケット／24,000円
5回チケット／40,000円
10回チケット／80,000円＋１回無料